Knödelschorsch seine fünften Leckerchen

Autor:

- Hans-Georg Karl
- Baujahr: 1950
- Geburtsort: Wuppertal
- Tischlermeister
- ehemals Leiter eines Bildungszentrums
- Unruheständler
- Hobbykoch
- Hobbypoet
- ehrenamtlicher Mitarbeiter im Cornelia Funke Baumhaus in Dorsten
- Leidenschaftlicher Opa von:
  Leona
  Lara

Umschlagbilder:

Hans-Georg Karl

http://www.knoedelschorsch.de

Bibliografische Information der Deutschen Nationalbibliothek:

Die Deutsche Nationalbibliothek verzeichnet diese Publikation in der Deutschen Nationalbibliografie.

Detaillierte bibliografische Daten sind im Internet über

http://www.dnb.de abrufbar.

Herstellung und Verlag: BoD - Books on Demand, Norderstedt

ISBN: 978-3-7583-7096-0

Vorwort

Mit einer Handvoll original thailändischer Rezepte startete am 13. November 2000 meine Homepage www.knoedelschorsch.de. Sie wurde in den folgenden Jahren zum Selbstläufer und hat mich ständig unter Druck gesetzt, neue Rezepte auszuprobieren.

Meine „Rezeptmaxime“ lautet nämlich: nur was relativ leicht zu kochen/backen ist, was mir gut gelungen ist und noch dazu gut geschmeckt hat, kann sich Chancen ausrechnen, auf meine Homepage zu kommen.

Mittlerweile sind es über 1000 Rezepte geworden und immer noch kommen neue dazu.

Den fünften Teil dieser Rezepte gibt es nun außer im weltweiten Netz, auch wieder „handfest“ in diesem Buch. Wie bei den anderen Leckerchen-Büchern habe ich ganz bewusst auf Bilder von meinen Gerichten verzichtet. Jeder, der schon einmal nach Rezeptbüchern gekocht/gebacken hat, musste hinterher feststellen, dass das Kochergebnis sowieso nie so „schön“ aussah wie auf den Rezeptfotos. Außerdem standen mir für Rezeptfotos keine Kunststoffe und ähnliche Produkte zur Verfügung, die alles so wunderschön aussehen lassen.

Allen „Nachkochern“ und „Nachkocherinnen“ wünsche ich viel Spaß mit den Leckerchen vom Knödelschorsch und natürlich gutes Gelingen und guten Appetit wenn es gelungen ist. Und wie immer, zu Risiken und Nebenwirkungen fragen Sie nicht Ihren Arzt oder Diätberater.

Über einen Besuch auf meiner Homepage würde ich mich natürlich auch sehr freuen.

März 2024

Hans-Georg Karl alias Knödelschorsch

Aufgelistete Rezepte

Knödel

Suppen

Pfannengerichte

Aufläufe

Salate

Kuchen und Torten

Anmerkung zu den Rezepten

Damit alles gut gelingt, bitte folgendes beachten!

Alle Rezepte (außer Torten/Kuchen) sind für 4 „normale“ Esser ausgelegt. Wenn nicht, ist es extra vermerkt.

Sofortgelatine / Fertiggelatine ist Gelatine in Pulverform und wird „trocken“ untergerührt. Sie braucht nicht wie Blattgelatine eingeweicht und aufgelöst werden. Die Verarbeitung ist also wesentlich einfacher.

Für alle Traditionalisten:
30 g Sofortgelatine / Fertiggelatine = 6 Blatt Gelatine

Größenordnungen:

Auflaufform ist ca. 30 cm x 22 cm groß
Durchmesser der Springform / Kranzform = 28 cm
Durchmesser der Gugelhupfform = 22 cm
Größe des Backblechs = 43 x 37 cm (außen)
Größe der Kastenform = 30 cm (2,5 l)

Backofen

Backofentemperatur gilt immer als vorgeheizt
Temperatur für „normalen“ Backofen (ohne Umluft)

Abkürzungen:

EL = Esslöffel

TL = Teelöffel

TK = Tiefkühlkost

Und für alle Rezepte gilt „Guten Appetit“.

Knödelrezepte

müssen sein

Erdbeerknödel

Zutaten für 10 Knödel:

250 g Magerquark
165 g Mehl
1 EL Zucker
10 Erdbeeren
65 g weiche Butter
1 Prise Salz
1 Ei

Zutaten Brösel:

100 g Paniermehl
4 EL Zucker
70 g gemahlene Haselnüsse
1 TL Zimt
60 g Butter

Zutaten Joghurtcreme:

200 g Erdbeer-Sahnejoghurt
200 g Naturjoghurt
1 Päckchen Vanillezucker

Zubereitung:

- Für die Knödel von den Erdbeeren den Stiel entfernen.
- Knödelzutaten gut und glatt verkneten.
- Knödelteig in 10 Stücke teilen.
- Je eine Erdbeere in ein Teigstück geben.
- Zu einem schönen, runden Kloß zusammenfalten.
- In einem Topf, Wasser mit Salz aufheizen.
- Die Klöße einlegen, Wasser nicht kochen lassen.

- Etwa 10 - 15 Minuten gar ziehen lassen.
- Klößе, die gar sind, schwimmen oben.
- Paniermehl, Haselnüsse, Butter, Zucker und Zimt in eine Pfanne geben und kurz anrösten lassen.
- Die fertigen Knödel abgetropft darin wälzen.
- Vor dem Servieren beide Joghurtarten und Vanillezucker verrühren.
- Knödel mit der Joghurtmasse auf Tellern servieren.
- Die Knödel können kalt oder warm gegessen werden.

Spinatknödel mit Tomatensauce

Zutaten für 10 Knödel:

100 g Semmelbrösel
80 g Schalotten
450 g Blattspinat (TK)
100 ml Milch
1 EL Mehl
1 Ei
4 Knoblauchzehen
Salz, Pfeffer, Muskatnuss, Öl

Zutaten Tomatensauce:

250 g Tomatenstücke (Dose)
3 Knoblauchzehen
2 EL Parmesankäse
10 Oliven
2 EL Olivenöl

Zubereitung:

- Spinat auftauen und kurz ankochen.
- Danach gut abtropfen lassen.
- Schalotten und Knoblauch klein hacken.
- Beides in Öl andünsten.
- Semmelbrösel mit lauwarmer Milch, dem Ei und Mehl verrühren.
- Spinat etwas klein hacken.
- Kleingehacktes zum Semmelbröselteig geben.
- Schalotten und Knoblauch ebenfalls zugeben.
- Alles zu einer glatten Masse verkneten.
- Mit Salz, Pfeffer und Muskat abschmecken.
- Etwa 10 – 12 Knödel formen.

- Knödel in kochendem Salzwasser etwa 12 Minuten ziehen lassen.
- Für die Sauce Oliven halbieren.
- Knoblauchzehen zerquetschen.
- Beides mit den Tomatenstücken (mit Sud) und Olivenöl in einen Topf geben.
- Pfeffern, salzen und etwa 5 Minuten köcheln lassen.
- Knödel und Tomatensauce anrichten.
- Sauce mit Parmesankäse überstreuen.

Schluss jetzt mit den Knödeln!!!

Suppen

mit und ohne Gemüse

Apfel - Zwiebel - Suppe

Zutaten:

3 Äpfel
4 Zwiebeln
1 Tomate
50 g Creme fraîche
1 EL Currypulver
1 Liter Gemüsebrühe
Schnittlauch, klein gehackt
Salz, Pfeffer, Öl

Zubereitung:

- Zwiebeln fein hacken.
- Äpfel schälen und in kleine Stücke schneiden.
- Tomate ebenfalls klein würfeln.
- Zwiebeln im Öl glasig dünsten.
- Apfelstücke zugeben und kurz mitdünsten.
- Mit der Gemüsebrühe ablöschen.
- Etwa 15 Minuten köcheln lassen.
- Creme fraîche unterrühren.
- Suppe fein pürieren.
- Mit den Gewürzen abschmecken.
- Auf Suppentellern anrichten.
- Mit dem Schnittlauch überstreut servieren.

Biersuppe

Zutaten:

750 ml Bier
125 ml Milch
2 Zimtstangen
15 g Speisestärke
40 g Zucker
1 Eigelb
1 EL frisch gehackter Koriander
Salz

Zubereitung:

- Milch mit den Zimtstangen kurz aufkochen lassen.
- Speisestärke mit kaltem Wasser anrühren.
- Zimtmilch damit andicken.
- Bier und Koriander zugeben.
- Bis kurz vor dem Kochen erhitzen.
- Mit Zucker und etwas Salz abschmecken.
- Das Eigelb verquirlen.
- Verquirltes in der fast kochenden Suppe gut verrühren.
- Die Suppe kann kalt oder warm gegessen werden.

Bohnen - Creme - Suppe

Zutaten:

400 g Brechbohnen (TK oder frische)
2 Möhren
2 Zwiebeln
3 Knoblauchzehen
200 ml Rotwein
700 ml Gemüsebrühe
250 ml Sahne
2 EL gehackte Kresse
1 TL Bohnenkraut (gehackt)
Basilikumblätter
Salz, Pfeffer, Öl

Zubereitung:

- Möhren schälen und in kleine Stücke schneiden.
- Zwiebeln und Knoblauch fein hacken.
- Beides in Öl glasig dünsten.
- Mit der Brühe und dem Wein ablöschen.
- Möhren, Bohnen und Kresse untermengen.
- Etwa 20 Minuten auf kleiner Flamme köcheln lassen.
- Dann die Suppe fein pürieren.
- Sahne und Bohnenkraut unterrühren.
- Mit den Gewürzen abschmecken.
- Noch einmal kurz aufkochen lassen.
- Mit ein paar Basilikumblättern garniert servieren.

Bohnen - Nudeltopf

Zutaten:

1 Dose weiße Bohnen in Tomatensauce
250 g Orecchiette - Nudeln
400 g Hackfleisch
1 große Dose stückige Tomaten
1 große Zwiebel
3 Knoblauchzehen
1 kleine Stange Porree
1,25 l Gemüsebrühe
2 EL Petersilie, gehackt
1 TL Paprika
Salz, Pfeffer, Olivenöl

Zubereitung:

- Porree in kleine Ringe schneiden.
- Zwiebel und Knoblauch fein hacken.
- Beides in Öl glasig dünsten.
- Hackfleisch zugeben und krümelig braten.
- Porree, Petersilie und Tomaten unterrühren.
- Mit Salz, Pfeffer und Paprika abschmecken.
- Mit der Brühe übergießen.
- Alles aufkochen lassen.
- Nudeln zugeben und 20 Minuten köcheln lassen.
- Dabei immer mal wieder umrühren.
- Bohnen unterrühren.
- Noch einmal 5 Minuten köcheln.
- Mit Salz und Pfeffer endgültig abschmecken.

Brechbohnensuppe

Zutaten:

500 g grüne Brechbohnen (alternativ gelbe Bohnen)
500 g Kartoffeln
2 große Möhren
2 Stangen Porree
3 EL Petersilie (gehackt)
4 Mettwürstchen
100 g Schmand
1 l Gemüsebrühe
2 EL Bohnenkraut (gehackt)
2 EL Olivenöl
Salz Pfeffer

Zubereitung

- Bohnen putzen und in 3 cm Stücke schneiden.
- Kartoffeln schälen und klein würfeln.
- Möhren und Porree in kleine Stücke schneiden.
- Mettwürstchen ebenfalls klein schneiden.
- Olivenöl in einem Topf erhitzen.
- Wurststücke darin kurz anbraten.
- Mit der Gemüsebrühe ablöschen.
- Bohnen, Möhren, Porree und Kartoffeln zugeben.
- Etwa 25 Minuten köcheln lassen.
- Zwei Suppenkellen in einen hohen Pürierbecher füllen.
- Zusammen mit dem Schmand pürieren.
- Püree, Petersilie und Bohnenkraut in die Suppe geben.
- Mit Salz und Pfeffer abschmecken.
- Noch einmal kurz aufköcheln lassen.
- Dazu Baguette reichen.

Chili - Suppe

Zutaten:

1 l Fleischbrühe
2 Zwiebeln
4 EL Tomatenmark
4 Knoblauchzehen
800 g Kidneybohnen
1 Dose stückige Tomaten (Pizzatomaten)
1 EL Parmesankäse
1 TL Oregano
4 EL Sahne
Chilipulver, Pfeffer, Salz, Öl

Zubereitung:

- Kidneybohnen abschütten und mit Wasser abspülen.
- Zwiebel und Knoblauch klein hacken.
- Beides in Öl glasig dünsten.
- Fleischbrühe, Tomatenmark und ca. 550 g Bohnen zugeben.
- Alles zusammen etwa 10 Minuten köcheln lassen.
- Geköchelte Suppe pürieren.
- Tomatenstücke und Restbohnen unterrühren.
- Dann mit Oregano, Chilipulver, Salz und Pfeffer abschmecken.
- Suppe noch einmal kurz aufkochen lassen.
- Auf Suppentellern anrichten und etwas Sahne unterrühren.
- Zum Schluss mit Parmesan überstreuen.

Erbsensuppe

Zutaten:

300 g getrocknete Erbsen
1 Bund Suppengrün
1 Gemüsezwiebel
500 g Kartoffeln
300 g Hackfleisch
4 Knoblauchzehen
Salz, Pfeffer

Zubereitung:

- Die Erbsen am Vortag in reichlich Wasser einweichen.
- Am Kochtag die Erbsen im Einweichwasser etwa eine Stunde kochen.
- Suppengrün klein schneiden.
- Zwiebel und Knoblauch klein hacken.
- Kartoffeln klein würfeln.
- Alles zusammen zu den Erbsen geben.
- Fleisch zerkrümeln und ebenfalls zur Suppe geben.
- Eine weitere Stunde köcheln lassen.
- Evtl. noch Wasser zugeben.
- Mit Salz und Pfeffer abschmecken.

Indische Kichererbsen - Suppe

Zutaten für 6 Personen:

2 Dosen Kichererbsen
1 Dose Mais
2 Dosen Kokosnussmilch
150 g Zuckererbsenschoten
100 g Champignons
Saft einer Orange
1 Orange
1 Bund Lauchzwiebeln
2 EL Currypulver
1 Liter Gemüsebrühe
½ Bund Schnittlauch (klein gehackt)
Salz, Pfeffer, Chilipulver

Zubereitung:

- Lauchzwiebeln, Schoten und Pilze kleinschneiden.
- Brühe, Orangensaft und Kokosmilch in einen Topf füllen.
- Schoten, Pilze, Mais, Zwiebeln und Erbsen zugeben.
- Currypulver unterrühren.
- Aufkochen und etwa 15 Minuten köcheln lassen.
- Orange schälen und das Fruchtfleisch kleinschneiden.
- Fruchtfleisch kurz mitköcheln lassen.
- Mit den Gewürzen abschmecken.
- Mit Schnittlauch überstreut servieren.

Kartoffel - Lauch - Suppe

Zutaten für 3 – 4 Personen:

800 g Kartoffeln
3 Stangen Porree
2 Zwiebeln
2 Tomaten
1200 ml Gemüsebrühe
150 g Creme fraîche (mit Kräutern)
150 g Cabanossi Wurst (oder Mettwurst)
3 Scheiben Toastbrot
Salz, Pfeffer, Muskat, Öl

Zubereitung:

- Wurst in kleine Stücke schneiden.
- Kartoffeln schälen und würfeln.
- Porree in Ringe schneiden.
- Zwiebeln fein hacken.
- In einem Topf die Zwiebeln im Öl glasig dünsten.
- Kartoffeln und Porree kurz mitbraten.
- Mit der Gemüsebrühe ablöschen.
- Die Wurst untermengen.
- Etwa 30 Minuten köcheln lassen.
- Tomaten in kleine Stücke schneiden.
- Kurz vor Ende der Kochzeit Tomaten und die Creme fraîche zugeben.
- Mit den Gewürzen abschmecken.
- Toastbrot sehr braun toasten.
- Dann in kleine Würfel schneiden.
- Suppe mit den Toast – Croûtons servieren.

Kartoffel - Möhren - Creme - Suppe

Zutaten:

500 g Kartoffeln
300 g Möhren
1 Zwiebel
2 Knoblauchzehen
750 ml Wasser
1 EL Öl
100 g Schlagsahne
Limettensaft
Salz, Pfeffer, Muskat

Zubereitung:

- Zwiebel und Knoblauch fein hacken.
- Kartoffeln und Möhren klein würfeln.
- Im Öl die Zwiebel und Knoblauch glasig dünsten.
- Möhren und Kartoffeln zugeben.
- Alles etwa 5 Minuten dünsten.
- Wasser zugießen.
- Suppe 20 Minuten köcheln lassen.
- Die Suppe fein pürieren.
- Mit den Gewürzen und Limettensaft abschmecken.
- Sahne steif schlagen.
- Die Suppe auf Suppentellern anrichten.
- Mit einem Sahneklecks garniert servieren.

Kartoffelsuppe

Zutaten:

800 g Kartoffeln
3 Möhren
2 Stangen Porree
2 Zwiebeln
4 Knoblauchzehen
4 mittelgroße Mettwürstchen
1 Liter Fleischbrühe
2 EL Schnittlauchröllchen
Salz, Pfeffer, Öl

Zubereitung:

- Kartoffeln und Möhren klein würfeln.
- Porree in dünne Ringe schneiden.
- Zwiebel und Knoblauch fein hacken.
- Beides in Öl glasig dünsten.
- Kartoffeln und Möhren kurz mitdünsten.
- Mit der Brühe ablöschen.
- Schnittlauch und Porree untermengen.
- Mit Salz und Pfeffer abschmecken.
- Suppe etwa 15 Minuten köcheln lassen.
- Mettwürstchen in kleine Stücke schneiden.
- Klein geschnittene Würstchen zur Suppe geben.
- Weitere 20 Minuten köcheln lassen.
- Zum Schluss noch einmal abschmecken.

Kokos - Linsen - Suppe

Zutaten:

1 Dose Kokosmilch (400 g)
175 g rote Linsen
1 Dose Pizzatomaten (400 g)
1 Zwiebel
3 Knoblauchzehen
600 ml Gemüsebrühe
100 ml Weißwein
3 TL Chilipulver
2 TL Kurkuma
Sonnenblumenöl
Salz

Zubereitung:

- Zwiebel und Knoblauch in kleine Stücke schneiden.
- Im Öl anschwitzen lassen.
- Linsen, Pizzatomaten mit Saft und Kokosmilch unterrühren.
- Gemüsebrühe und Wein zugeben.
- Etwa 20 Minuten köcheln lassen.
- Mit Salz, Chili und Kurkuma abschmecken.

Kokos - Paprika - Suppe

Zutaten:

2 rote Paprika
1 Zwiebel
3 Knoblauchzehen
1 Bund Lauchzwiebeln
1 Scheibe Leberkäse
500 ml Kokosmilch
250 ml Gemüsebrühe
150 ml Weißwein
3 EL Olivenöl
½ TL rote Currypaste
5 Zweige Koriander
Salz, Pfeffer

Zubereitung:

- Paprika und Leberkäse in kleine Würfel schneiden.
- Lauchzwiebel in feine Ringe schneiden.
- Zwiebel, Knoblauch und Koriander fein hacken.
- Ein paar Blätter Koriander zurückbehalten.
- Currypaste im Öl unter Rühren anrösten.
- Paprika, Zwiebeln, Knoblauch und Lauchzwiebeln kurz mitrösten.
- Mit der Brühe, Wein und Kokosmilch ablöschen.
- Die Hälfte Menge Leberkäse zugeben.
- Etwa 15 Minuten leicht köcheln lassen.
- Die Suppe fein pürieren.
- Koriander und restlichen Leberkäse unterrühren.
- Mit Salz und Pfeffer abschmecken.
- Noch einmal 5 Minuten köcheln lassen.
- Mit ein paar Korianderblättern garniert servieren.

Kokossüppchen

Zutaten:

300 g Hackfleisch
1 Bund Lauchzwiebeln
3 Knoblauchzehen
150 g Möhren
1 Stiel Zitronengras
400 ml Kokosmilch
500 ml Gemüsebrühe
1 TL geriebener Ingwer
1 TL Currypulver
1 TL Kurkuma
2 EL Öl
Kokosraspel
Salz, Pfeffer, Sojasoße

Zubereitung:

- Möhren und Lauchzwiebeln in kleine Stücke schneiden.
- Knoblauch klein hacken.
- Hackfleisch im Öl krümelig braten.
- Möhren, Lauchzwiebeln und Knoblauch zufügen.
- Alles etwas andünsten lassen.
- Mit der Gemüsebrühe und Kokosmilch ablöschen.
- Zitronengras, Ingwer, Kurkuma und Curry zugeben.
- Etwa 15 – 20 Minuten köcheln lassen.
- Danach das Zitronengras entfernen.
- Mit den Gewürzen und der Sojasoße abschmecken.
- Suppe auf Suppentellern anrichten.
- Mit Kokosraspel bestreut servieren.

Lauch - Erdnuss - Suppe

Zutaten:

2 Möhren
1 Stange Porree
1 Zwiebel
3 Knoblauchzehen
150 g geröstete Erdnüsse
3 EL Olivenöl
100 ml Weißwein
750 ml Gemüsebrühe
250 ml Kokosmilch
175 ml Schlagsahne
1 EL Honig
1 EL Zucker
2 TL Currypulver
Salz, Pfeffer

Zubereitung:

- Zwiebel und Knoblauch in kleine Stücke schneiden.
- Möhren und Porree in dünne Scheiben schneiden.
- Knoblauch, Zwiebeln und Möhren kurz im Öl andünsten.
- Mit dem Weißwein ablöschen.
- Porree, Honig, Curry und Zucker unterrühren.
- Alles noch einmal kurz andünsten.
- Gemüsebrühe zugeben und zehn Minuten köcheln lassen.
- Kokosmilch, Erdnüsse und Sahne einrühren.
- Etwa 5 Minuten köcheln lassen.
- Mit Salz und Pfeffer abschmecken.

Linsensuppe mit Bohnen

Zutaten:

200 g rote Linsen
200 g grüne Bohnen (TK)
500 g Kartoffeln
3 Möhren
2 Zwiebeln
3 Knoblauchzehen
400 ml Kokosmilch
500 ml Gemüsebrühe
1 TL Currypulver
1 TL Bohnenkraut
6 TL Creme fraîche
Salz, Pfeffer, Öl

Zubereitung:

- Möhren, Kartoffeln, Zwiebeln und Knoblauch in kleine Würfel schneiden.
- Zwiebeln und Knoblauch in Öl glasig dünsten.
- Möhren und Kartoffeln kurz mitdünsten.
- Alles etwa 20 Minuten mit der Brühe köcheln lassen.
- Mit einem Kartoffelstampfer leicht zerdrücken.
- Kokosmilch, Linsen und Gewürze unterrühren.
- Etwa 5 Minuten köcheln lassen.
- Dabei immer wieder umrühren.
- Bohnen in ca. 3 cm lange Stücke schneiden.
- Stücke mit 2 TL Creme fraîche zur Suppe geben.
- Alles noch einmal 10 Minuten köcheln lassen.
- Auch hier immer mal wieder umrühren.
- Suppe mit Salz und Pfeffer abschmecken.
- Jeweils mit einem Klecks Creme fraîche servieren.

Linsen - Lauchcreme - Suppe

Zutaten:

175 g rote Linsen
1 Stange Porree
2 kleine Zwiebeln
3 Knoblauchzehen
1 große Möhre
400 g Schlagsahne
2 EL Creme fraîche
½ TL Estragon
1 Liter Gemüsebrühe
200 ml Weißwein
Salz, Pfeffer, Öl

Zubereitung:

- Möhre und Lauch in kleine Stücke schneiden.
- Zwiebel und Knoblauch fein hacken.
- Beides in Öl glasig dünsten.
- Möhre, Lauch, Linsen zugeben und kurz mitdünsten.
- Mit der heißen Gemüsebrühe und Wein ablöschen.
- Aufkochen und 20 Minuten köcheln lassen.
- Immer mal wieder umrühren.
- Creme fraîche und Sahne unterrühren.
- Salzen und pfeffern.
- Suppe fein pürieren.
- Estragon unterrühren.
- Kurz aufkochen lassen.
- Mit etwas Estragon überstreut servieren.

Paprika - Kartoffel - Cremesuppe

Zutaten:

3 rote Paprika
2 mittelgroße Kartoffeln
1 Zwiebel
2 Knoblauchzehen
200 g Sahne
1 Liter Gemüsebrühe
1 EL frisch gehackter Koriander
Salz, Pfeffer, Muskat, Öl

Zubereitung:

- Paprika und Kartoffeln klein würfeln.
- Zwiebel und Knoblauch fein hacken.
- Beides in Öl glasig dünsten.
- Kartoffeln und Paprika kurz mitdünsten.
- Brühe und Sahne zugeben.
- Aufkochen und 25 Minuten köcheln lassen.
- Kurz vor Ende der Köchelzeit den Koriander zugeben.
- Gegarte Suppe fein pürieren.
- Mit den Gewürzen abschmecken.
- Noch einmal kurz aufkochen lassen.
- Evtl. mit etwas Koriander garniert servieren.

Sellerie - Äpfel - Suppe

Zutaten:

2 mittelgroße Äpfel
500 g Knollensellerie
2 Zwiebeln
25 g Butter
1 l Gemüsebrühe
200 g Schlagsahne
Salz, Pfeffer, Zucker

Zubereitung:

- Sellerie und Äpfel schälen und klein würfeln.
- Zwiebeln klein hacken.
- Alles in einem Topf in Butter anschwitzen lassen.
- Mit der Gemüsebrühe ablöschen.
- Aufkochen lassen.
- Bei kleiner Hitze etwa 30 Minuten köcheln lassen.
- Suppe fein pürieren.
- Die Sahne unterrühren.
- Noch einmal kurz aufkochen.
- Mit Salz, Pfeffer und Zucker abschmecken.
- Mit einem Klecks Sahne garniert servieren.

Tomatensuppe griechischer Art

Zutaten:

80 g Möhren
50 g Staudensellerie
½ Bund Petersilie
500 g Tomaten
750 ml Kalbsfond
60 g Reisnudeln
1 Zwiebel
3 Knoblauchzehen
100 g Schafskäse, gewürfelt
Salz, Pfeffer, Thymian, Olivenöl

Zubereitung:

- Zwiebel und Knoblauch in kleine Stücke schneiden.
- Sellerie klein würfeln.
- Möhren grob raspeln.
- Petersilie fein hacken.
- Tomaten in kleine Würfel schneiden.
- In einem Suppentopf 2 EL Olivenöl erhitzen.
- Darin Zwiebel und Knoblauch anbraten.
- Möhren, Sellerie, Petersilie einige Minuten andünsten
- Tomatenstücke untermengen.
- Etwa 3 Minuten köcheln lassen.
- Den Fond zugießen und aufkochen.
- Die Reisnudeln einstreuen.
- Etwa 15 Minuten köcheln lassen.
- Dabei immer mal wieder umrühren.
- Suppe mit Salz, Pfeffer und Thymian abschmecken.
- Schafskäsewürfel mit einer Gabel zerdrücken.
- Zerdrücktes in die Suppe rühren.
- Mit knusprigem Baguette servieren.

Wirsing - Linsen - Suppe

Zutaten:

200 g braune Linsen
300 g Wirsing
400 g Kartoffeln
400 g Hackfleisch
2 Zwiebeln
3 Knoblauchzehen
2 Stangen Porree
1 rote Paprika
1 kleine Papaya
Saft einer Zitrone
1,5 l Gemüsebrühe
Salz, Pfeffer, Chilipulver, Öl

Zubereitung:

- Die Kartoffeln schälen und in kleine Würfel schneiden.
- Würfel und Linsen mit Wasser bedeckt etwa 30 Minuten kochen.
- Porree, Paprika, Papaya in kleine Stücke schneiden.
- Wirsing in feine Streifen schneiden.
- Zwiebeln und Knoblauch fein hacken.
- Beides in Öl glasig dünsten.
- Hackfleisch zugeben und krümelig braten.
- Wirsingstreifen und Porree kurz mitbraten.
- Papaya, Paprika und Zitronensaft untermengen.
- Mit der Gemüsebrühe ablöschen.
- Alles zusammen etwa 30 Minuten köcheln lassen.
- Wird die Suppe dickflüssig, etwas Brühe zugeben.
- Linsen und Kartoffeln zugeben.
- Mit den Gewürzen kräftig abschmecken.
- Suppe noch einmal 5 Minuten köcheln lassen.

Zucchini - Walnuss - Suppe

Zutaten:

1 Zucchini
1 große Kartoffel
5 Walnüsse
1 Zwiebel
2 Knoblauchzehen
2 EL Sahne
700 ml Gemüsebrühe
2 EL Basilikumblätter
Salz, Pfeffer, Muskat, Öl

Zubereitung:

- Inhalt der Walnüsse zermahlen.
- Zucchini und Kartoffel klein würfeln.
- Zwiebel und Knoblauch fein hacken.
- Beides in Öl glasig dünsten.
- Kartoffel und Zucchini kurz mitdünsten.
- Mit der Brühe ablöschen.
- Basilikumblätter untermengen.
- Aufkochen und 20 Minuten köcheln lassen.
- Suppe fein pürieren.
- Sahne und gemahlene Nüsse unterrühren.
- Noch einmal kurz aufkochen lassen.
- Mit den Gewürzen abschmecken.

Zwiebel - Paprika - Tomatensuppe

Zutaten:

3 Zwiebeln
1 rote Paprika
3 Tomaten
3 Knoblauchzehen
650 ml Gemüsebrühe
200 ml Weißwein
150 ml Sahne
2 TL brauner Zucker
Basilikumblätter
Salz, Pfeffer, Olivenöl

Zubereitung:

- Paprika und Tomaten in kleine Stücke schneiden.
- Zwiebel und Knoblauch fein hacken.
- Beides in 4 EL Olivenöl glasig dünsten.
- Mit der Gemüsebrühe ablöschen.
- Wein, Sahne, Paprika, Zucker, Tomaten unterrühren.
- Etwa 15 Minuten auf kleiner Flamme köcheln lassen.
- Suppe fein pürieren.
- Mit den Gewürzen abschmecken.
- Noch einmal kurz aufkochen lassen.
- Mit ein paar Basilikumblättern garniert servieren.

Pfannengerichte

in runder oder eckiger Pfanne

Bunte Pfanne

Zutaten:

500 g Hackfleisch
500 g Süßkartoffeln
400 g Kartoffeln
3 Möhren
250 g Champignons
2 Zwiebeln
4 Knoblauchzehen
2 gelbe Paprika
2 rote Paprika
2 Dosen Kidneybohnen
3 EL Tomatenmark
250 ml Gemüsebrühe
2 EL gehackte Petersilie
Cayennepfeffer
Chilipulver
Salz, Pfeffer, Öl

Zubereitung:

- Beide Kartoffelsorten klein würfeln.
- Pilze und Paprika in kleine Stücke schneiden.
- Möhren grob raspeln.
- Kartoffeln in kochendem Salzwasser etwa 8 Minuten kochen.
- Zwiebeln und Knoblauch fein hacken.
- Beides im Öl glasig dünsten.
- Pilze unterrühren und kurz mitdünsten.
- Hackfleisch zugeben und krümelig braten.
- Paprika und Möhren dann ebenfalls zugeben.
- Alles zusammen noch etwas anbraten.

- Gemüsebrühe und Tomatenmark unterrühren.
- Mit den Gewürzen scharf abschmecken.
- Bohnen und Kartoffeln zugeben.
- Beides mitdünsten.
- Kurz vor dem Servieren die Petersilie untermengen.

Erbsen - Taler

Zutaten:

1 Dose Kichererbsen (≈ 450 g)
1 Zucchini
2 Eier
75 g Fetakäse
3 Knoblauchzehen
200 g Joghurt
½ Bund Petersilie
2 EL Basilikumblätter
2 EL Paniermehl
2 EL Zitronensaft
Salz, Pfeffer, Olivenöl

Zubereitung:

- Petersilie in kleine Stücke schneiden.
- Zucchini raspeln und Flüssigkeit ausdrücken.
- Knoblauch klein hacken.
- Kichererbsen abtropfen lassen.
- Erbsen, Petersilie, Knoblauch mit dem Zitronensaft pürieren.
- Zucchini, Eier und Paniermehl unterrühren.
- Mit Salz und Pfeffer abschmecken.
- Etwa 15 Minuten ruhen lassen.
- Fetakäse fein zerbröseln.
- Basilikum klein schneiden.
- Joghurt, Feta und Basilikum gut verrühren.
- Ebenfalls mit Salz und Pfeffer abschmecken.
- Öl in einer Pfanne erhitzen.
- Pro Taler gut ein EL Erbsenmasse in die Pfanne geben.
- Etwa fünf Minuten unter vorsichtigem Wenden braten.
- Zusammen mit dem Joghurt-Dip servieren.

Gebratene Gnocchi mit Aubergine

Zutaten:

1000 g frische Gnocchi
1 Glas getrocknete Tomaten in Marinade
1 Aubergine
1 Bund Frühlingszwiebeln
75 g schwarze Oliven
2 EL Basilikum (gehackt)
50 g Pinienkerne
Salz, Pfeffer, Olivenöl

Zubereitung:

- Tomaten abgießen und dabei das Öl auffangen.
- Aubergine, Oliven, Tomaten und Zwiebeln in kleine Stücke schneiden bzw. würfeln.
- Pinienkerne etwas kleinhacken.
- 2 EL vom „Tomatenöl“ in einer Pfanne erhitzen.
- Die Gnocchi darin etwa 5 Minuten hell anbraten.
- Dabei die Gnocchi immer wieder wenden.
- Gnocchi herausnehmen und warm halten.
- Auberginenwürfel in Olivenöl 5 Minuten anbraten.
- Tomaten, Oliven und Zwiebeln kurz mitbraten.
- Salzen und pfeffern.
- Gnocchi, Basilikum und Pinienkerne untermengen.
- Alles noch einmal kurz zusammen braten.
- Auf Tellern mit ein paar Basilikumblättern anrichten.

Zucchinipuffer mit griechischer Tomatensauce

Zutaten:

Puffer:
500 g Zucchini
50 g Mehl
1 Zwiebel, klein gehackt
2 Eier
50 g Parmesan - Käse
½ Bund Petersilie, klein gehackt
1 EL Dill, klein gehackt
Salz, Pfeffer, Öl

Tomatensauce:
600 g Tomaten
3 Zwiebeln, gewürfelt
3 Knoblauchzehen, fein gehackt
6 EL Ouzo
1 Lorbeerblatt
Salz, Pfeffer, Zimt, Basilikum

Zubereitung:

- Für die Puffer die Zucchini fein raspeln.
- Raspel mit ½ TL Salz vermengen.
- Etwa 10 Minuten ziehen lassen.
- Gezogene Zucchini gut ausdrücken.
- Zwiebel, Käse, Kräuter, Eier und Mehl unter die Zucchiniraspeln mengen.
- Mit Salz und Pfeffer abschmecken.
- Öl in einer Pfanne erhitzen.
- Kleine Puffer (etwa 1 Esslöffel) in die Pfanne geben.

- Etwa 4 Minuten von beiden Seiten goldbraun braten
- Warm oder kalt servieren.
- Für die Sauce Zwiebeln und Knoblauch in Öl kurz anbraten.
- Tomatenwürfel, Ouzo, Lorbeerblatt, Salz und Pfeffer, Zimt, Basilikum dazugeben.
- Bei mittlerer Hitze etwa 15 Minuten köcheln lassen.
- Danach die Sauce fein pürieren.
- Nochmals mit den Gewürzen abschmecken.

Wir nehmen nun lieber den essbaren Auflauf!!!

Auflauf

in der Küche

Ananas - Auflauf

Zutaten:

350 g Nudeln (z.B. Fusilli)
400 g Ananas (frisch oder Konserve)
1 große Zwiebel
4 Knoblauchzehen
180 g Kochschinken
1 Dose Mais
250 ml Kochcreme (z.B. Rama Cremefine)
2 TL Gemüsebrühe
4 Eier
½ TL scharfe Currypaste
½ Bund Basilikum (gehackt)
1 TL Oregano
200 g geriebener Käse
Salz, Pfeffer

Zubereitung:

- Nudeln in Salzwasser bissfest garen.
- Ananas in kleine Würfel schneiden.
- Zwiebel und Knoblauch fein hacken.
- Schinken in kleine Stücke schneiden.
- Alles zusammen mit dem Mais in einer Schüssel gut vermengen.
- Kochcreme, Eier und Gemüsebrühepulver verrühren.
- Currypaste, Oregano und Basilikum unterrühren.
- Mit Salz und Pfeffer abschmecken.
- Creme gleichmäßig unter die Nudelmasse mengen.
- Etwa ein Drittel vom Käse ebenfalls unterrühren.
- Eine Auflaufform einfetten.

- Nudelmasse in die Form füllen.
- Den Restkäse überstreuen.
- Bei 200° C etwa 40 – 45 Minuten überbacken.
- Evtl. nach 30 Minuten mit Alufolie abdecken.

Gnocchi - Kartoffel - Auflauf
- vegetarisch -

Zutaten:

750 g Pfannen-Gnocchi
2 Süßkartoffeln, ca. 400 g
30 g rote Linsen
250 g Crème fraîche
1 Zwiebel
4 Knoblauchzehen
75 g Butter
150 g geriebenen Cheddar - Käse
15 Salbeiblätter
2 TL Currypulver
4 EL Sonnenblumenöl
3 EL Milch
Salz und Pfeffer

Zubereitung:

- Kartoffeln schälen und in kleine Würfel schneiden.
- Zwiebeln und Knoblauch klein hacken.
- Beides in einer Pfanne mit Öl glasig dünsten.
- Kartoffelwürfel zugeben und 10 Minuten anbraten.
- Mit Salz und Pfeffer abschmecken.
- Milch in einem Topf mit der Crème fraîche erhitzen.
- Linsen und das Currypulver unterrühren.
- Etwa 5 Minuten bei mittlerer Hitze erwärmen.
- Ebenfalls mit Salz und Pfeffer abschmecken.
- Gnocchi, Kartoffelwürfel und die Linsensauce vermengen.
- Alles in eine Auflaufform geben.
- Mit dem Käse überstreuen.

- Bei 200° C etwa 25 Minuten im Backofen goldbraun backen.
- Salbeiblätter halbieren.
- Blätter in der Butter knusprig anbraten.
- Fertigen Auflauf mit den Blättern garniert servieren.

Hackbällchen - Auflauf

Zutaten:

500 g Hackfleisch
500 g Mozzarellakugeln (mini)
300 g kleine Kirschtomaten
2 gelbe Paprikaschoten
2 Gemüsezwiebeln
5 Knoblauchzehen
1 Zwiebel
1 Brötchen vom Vortag
100 ml Milch
2 Eigelb
2 TL Senf
1 TL Oregano
Salz, Pfeffer, Olivenöl

Zubereitung:

- Das Brötchen in der Milch einweichen lassen.
- Die Zwiebel in Öl glasig dünsten.
- Hackfleisch, Zwiebel, Eigelb, Senf und das ausgedrückte Brötchen verkneten.
- Mit Salz, Pfeffer und Oregano abschmecken.
- Die Paprika und die Gemüsezwiebeln in kleine Würfel schneiden.
- Knoblauch fein hacken.
- Zwiebeln, Paprika und Knoblauch in Öl andünsten.
- Mit Salz und Pfeffer abschmecken.
- In einer großen, gefetteten Auflaufform verteilen.
- Aus dem Hackfleisch kleine Kugeln formen.
- Kugeln, Mozzarella und Tomaten in der Auflaufform gleichmäßig verteilen.
- Bei 220° C etwa 20 – 25 Minuten backen.

Kartoffelauflauf mit Camembert

Zutaten:

1 kg Kartoffeln
600 g Äpfel
400 g Camembert
3 Eier
300 ml Schlagsahne
Salz, Pfeffer, Paprika

Zubereitung:

- Die Kartoffeln in der Schale gar kochen.
- Danach pellen und in Scheiben schneiden.
- Scheiben salzen und pfeffern.
- Äpfel schälen, entkernen und vierteln.
- Viertel in Scheiben schneiden.
- Den Camembert ebenfalls in Scheiben schneiden.
- Eine Auflaufform leicht einfetten.
- Alle Scheiben abwechselnd aufrecht (etwas schräg) in die Auflaufform schichten.
- Eier und Schlagsahne gut verrühren.
- Mit Salz, Pfeffer und ordentlich Paprika abschmecken.
- Abgeschmecktes über die geschichtete Form gießen.
- Bei 200° C etwa 45 – 55 Minuten überbacken.

Kartoffel - Erbsen - Auflauf

Zutaten:

1250 g Kartoffeln
250 g Erbsen (TK)
400 g Hackfleisch
3 Zwiebeln
5 Knoblauchzehen
5 Eier
100 g Schlagsahne
100 g Naturjoghurt
100 g geriebener Parmesankäse
Salz, Pfeffer, Paprika, Öl

Zubereitung:

- Zwiebel und Knoblauch fein hacken.
- Beides in Öl glasig dünsten.
- Hackfleisch zugeben und krümelig braten.
- Erbsen kurz mitbraten.
- Etwas Salzen und Pfeffern.
- Kartoffeln schälen und in feine Streifen raspeln.
- Eier mit Sahne und Joghurt gut verrühren.
- Halbe Käsemenge unterrühren.
- Mit den Gewürzen abschmecken.
- Hackfleischmasse, Kartoffeln und Soße gut vermengen.
- Alles in eine gefettete Auflaufform füllen.
- Mit dem Restkäse überstreuen.
- Bei 220° C etwa 45 Minuten überbacken.
- Evtl. nach 30 Minuten mit Alufolie abdecken.

Kohlrabi - Auflauf

Zutaten:

300 g Nudeln (z.B. Caserecce)
4 Stück Kohlrabi
6 mittelgroße Möhren
1 Stange Lauch
4 Knoblauchzehen (klein gepresst)
½ Bund Basilikum (klein gehackt)
200 g saure Sahne
200 ml Gemüsebrühe
2 Eier
50 g geriebener Parmesankäse
100 g geriebener Käse
Salz, Pfeffer

Zubereitung:

- Nudeln in Salzwasser bissfest garen.
- Kohlrabi und Möhren klein würfeln.
- Lauch in dünne Scheiben schneiden.
- Gemüse in der Gemüsebrühe 10 Minuten dünsten.
- Brühe abschütten.
- Gegarte Nudeln unter das Gemüse rühren.
- Mit den Gewürzen abschmecken.
- Sahne, Eier, Knoblauch und Basilikum gut verrühren.
- Parmesan unter die Sahnesoße rühren.
- Soße unter die Gemüse-Nudel-Masse geben.
- Schnell und gut verrühren.
- Alles in eine gefettete Auflaufform geben.
- Mit dem geriebenen Käse gleichmäßig überstreuen.
- Bei 200° C etwa 30 – 40 Minuten überbacken.

Kretisches Moussaka

Zutaten:

500 g gemischtes Hackfleisch
2 Auberginen
4 Tomaten
2 Zwiebeln
4 Knoblauchzehen
4 EL Mehl
½ Liter Milch
50 g Butter
100 g geriebenen Käse
125 ml Weißwein
3 EL gehackte Petersilie
1 Prise Zimtpulver
Salz, Pfeffer, Thymian

Zubereitung:

- Zwiebeln und Knoblauch fein hacken.
- Zusammen mit dem Hackfleisch in Olivenöl anbraten.
- Eine Tomate in Scheiben schneiden.
- Restliche Tomaten würfeln.
- Wein, Tomatenwürfel, Petersilie und Zimt unter das Fleisch rühren.
- Salz, Pfeffer und Thymian zum Fleisch geben.
- Dreißig Minuten köcheln lassen.
- Fleischmenge noch einmal abschmecken.
- Die Auberginen in Scheiben schneiden.
- Scheiben von jeder Seite etwa eine Minuten anbraten.
- Mehl und Butter in einem Topf anbraten.
- Die Milch unterrühren und eine helle Soße herstellen.
- Mit den Gewürzen abschmecken.

- Eine Auflaufform einfetten.
- Auberginen, Hackfleisch und weiße Soße abwechselnd in die Form schichten.
- Tomatenscheiben und Auberginen als letzte Schicht auflegen.
- Mit dem Käse gleichmäßig bestreuen.
- Bei 200° C etwa 15 Minuten überbacken

Nudelauflauf mit Frischkäse

Zutaten:

400 g kurze Makkaroni
300 g Frischkäse mit Kräutern
50 g gehackte Walnüsse
1 rote Paprika
1 grüne Paprika
2 Tomaten
200 g Champignons
2 mittelgroße Zwiebeln
4 Knoblauchzehen
2 Eier
100 ml Weißwein
200 g Sahne
100 g geriebener Käse
Salz, Pfeffer, Öl

Zubereitung:

- Nudeln in Salzwasser al dente kochen.
- Paprika, Pilze, Zwiebeln, Knoblauch klein schneiden.
- Alles in wenig Öl andünsten.
- Tomaten in kleine Stücke schneiden.
- Frischkäse, Eier, Wein und Sahne verrühren.
- Sahnigen Käse-Eier-Wein salzen und pfeffern.
- Die gegarten Nudeln abgießen.
- Nudeln und „Paprikamischung“ in einer Schüssel vermischen.
- Käsesauce, Tomaten und Nüsse unterrühren.
- Noch einmal abschmecken.
- Alles in eine gefettete Auflaufform geben.
- Geriebenen Käse überstreuen.
- Bei 180° C etwa 20 Minuten überbacken.

Spargelauflauf

Zutaten für 3 – 4 Personen:

1,5 kg Spargel
200 g gekochter Schinken
3 kleine Stangen Porree
300 g gekochte Kartoffeln
4 Eier
200 g Schlagsahne
70 g geriebener Käse
1 TL Oregano
½ EL Zucker
½ EL Butter
Salz, Pfeffer, Muskat, Öl

Zubereitung:

- Den Spargel schälen und der Länge nach dritteln.
- Etwa 2 Liter Wasser mit dem Zucker, der Butter und etwas Salz zum Kochen bringen.
- Darin den Spargel etwa 8 Minuten kochen lassen.
- Porree, Schinken und Kartoffeln in kleine Stücke schneiden.
- Stücke in einer Pfanne mit Öl anbraten.
- Salzen und pfeffern.
- Gebratene Stückchen in einer Auflaufform auslegen.
- Fertigen Spargel darauf verteilen.
- Eier, Sahne und Oregano verrühren.
- Mit Salz, Pfeffer und Muskat würzen.
- Eiersahne über den Spargel gießen.
- Käse überstreuen.
- Bei 175° C etwa 25 – 30 Minuten überbacken.

Tortellini - Gratin

Zutaten:

1000 g frische Käse – Tortellini (Kühlregal)
1 rote Paprika
1 grüne Paprika
1 Dose Mais
1 Dose Pizzatomaten
150 g kleine Mozzarellakugeln
300 g Schlagsahne
75 g Basilikum – Pesto
3 Stiele Petersilie
3 Stiele Basilikum
Salz, Pfeffer

Zubereitung:

- Paprika in kleine Würfel schneiden.
- Den Mais abtropfen lassen.
- Pesto, Tomaten und Sahne zusammen fein pürieren.
- Püree in einem Topf erhitzen.
- Tortellini, Mais und Paprika vermischen.
- Mischung in eine gefettete Auflaufform (Gratinform) geben.
- Die heiße Püreesoße gleichmäßig übergießen.
- Bei 200° C etwa 20 Minuten überbacken.
- Während der Backzeit die Mozzarellakugeln vierteln.
- Blätter der Kräuter abzupfen und klein hacken.
- Mozzarellastücke mit Kräuterhack vermischen.
- Etwa 5 Minuten vor Ende der Garzeit die Mischung auf dem Gratin verteilen.

Salate

in allen Farben

Grüner Nudelsalat

Zutaten:

200 g Brechbohnen
200 g Zuckererbsenschoten
200 g Erbsen (TK oder frisch gepult)
250 g Nudeln (z.B. Fusilli aus roten Linsen)
100 g Sprossenmix
1 Zwiebel
4 Knoblauchzehen
4 EL Olivenöl
3 EL Knoblauchsauce (Fertigprodukt)
Salz, Pfeffer, Paprika, Oregano

Zubereitung:

- Bohnen und Schoten in 2-3 cm lange Stücke schneiden.
- Nudeln nach Packungsanweisung bissfest garen.
- Anschließend abschütten und kalt abbrausen.
- Bohnen, Schoten und Erbsen jeweils in kochendem Wasser bissfest garen.
- Zwiebel und Knoblauch fein hacken.
- Zusammen mit dem „Grünzeug“ und den Nudeln gut vermengen.
- Sprossenmix, Olivenöl und Knoblauchsauce verrühren.
- Sauce gut unter die Salatzutaten rühren.
- Mit den Gewürzen abschmecken.
- Eine Stunde im Kühlschrank durchziehen lassen.

Italienischer Nudelsalat

Zutaten:

500 g Nudeln (Farfalle)
150 g Schafskäse
1 Glas schwarze Oliven ohne Stein
1 Glas getrocknete Tomaten in Öl
1 Bund Lauchzwiebeln
4 EL Tomatenmark
5 Knoblauchzehen
1 Bund Rucola
50 g Pinienkerne
Salz, Pfeffer, Cayennepfeffer

Zubereitung:

- Nudeln in Salzwasser gar kochen.
- Tomaten abtropfen lassen.
- Dabei 4 EL vom Öl auffangen.
- Schafskäse, Tomaten, Oliven und Lauchzwiebeln klein schneiden.
- Pinienkerne und Knoblauch klein hacken.
- Gekochte Nudeln abtropfen lassen.
- Kleine Zutaten mit den warmen Nudeln vermischen.
- Tomatenmark und Öl ebenfalls unter die Nudeln rühren.
- Mit den Gewürzen abschmecken.
- Den Rucola kurz vor dem Servieren unterheben.
- Den Salat evtl. eine Nacht ziehen lassen.

Kichererbsen - Salat mit Tomaten

Zutaten:

300 g Kirschtomaten
2 kleine Dosen Kichererbsen
4 Lauchzwiebeln
6 Zweige Basilikum
80 g geriebenen Käse (Streifen)
4 Balsamico-Essig
4 EL Olivenöl
1 Handvoll Rucola
Salz, Pfeffer, Oregano

Zubereitung:

- Kichererbsen abspülen.
- Lauchzwiebeln in kleine Stücke schneiden.
- Basilikumblätter klein hacken.
- Tomaten vierteln.
- Alles zusammen in eine Schüssel geben.
- Balsamico und Öl verrühren.
- Mit den Gewürzen abschmecken.
- Dressing unter die Salatzutaten mengen.
- Eine halbe Stunde ziehen lassen.
- Salat auf Teller verteilen.
- Mit Rucola und übergestreutem Käse servieren.

Linsen - Paprika - Salat

Zutaten:

300 g Linsen
1 gelbe Paprika
1 grüne Paprika
2 Tomaten
1 Zwiebel
3 Knoblauchzehen
1 l Gemüsebrühe
2 Lorbeerblätter
4 Zweige Thymian
2 Zweige Petersilie
1 Zweig Rosmarin
5 EL Olivenöl
2 EL Balsamico
2 EL Zitronensaft
2 EL gemischte Kräuter, gehackt
Salz, Pfeffer, Zucker

Zubereitung:

- Linsen mit der Gemüsebrühe in einen Topf geben.
- Die Kräuterzweige und die Lorbeerblätter zugeben.
- Alles etwa 40 Minuten köcheln lassen.
- Danach Kräuterzweige und Lorbeerblätter entfernen.
- Die Linsen abtropfen lassen.
- Paprika und Tomaten klein schneiden.
- Zwiebel und Knoblauch fein hacken.
- Balsamico, Öl, Zitronensaft und Kräuter verrühren.
- Gemüse und Linsen unterrühren.
- Mit Salz, Pfeffer und Zucker abschmecken.
- Eine Stunde durchziehen lassen.

Mediterraner - Bohnensalat

Zutaten für 5 – 6 Personen:

450 g grüne Bohnen (TK)
450 g Dicke Bohnen (TK)
100 g Erbsen (TK)
2 Zwiebeln
3 Knoblauchzehen
5 Tomaten
2 hartgekochte Eier
100 g Rucola
200 g Fetakäse
5 EL Balsamico (dunkel)
3 EL Rapsöl
3 EL Olivenöl
50 Walnusskerne (gehackt)
Salz, Pfeffer, Oregano

Zubereitung:

- Die gefrorenen Bohnen und Erbsen mit 100 ml Wasser und etwas Salz in einen Topf mit Deckel geben.
- Bei mittlerer Hitze kurz aufkochen lassen.
- Dann etwa 8 Minuten köcheln lassen.
- Dabei öfter mal umrühren.
- Anschließend abgießen, kalt abschrecken und abtropfen lassen.
- Rucola etwas klein schneiden.
- Eier und Fetakäse klein würfeln.
- Zwiebeln und Knoblauch fein hacken.
- Tomaten in kleine Stücke schneiden.
- Alle Zutaten in einer Schüssel sorgfältig vermischen.
- Balsamico, Öle und Walnusskerne unterrühren.
- Mit den Gewürzen abschmecken.

Nudelsalat mit Dillsauce

Zutaten für 5 – 6 Personen:

400 g Nudeln (z.B. Farfalle)
1 Päckchen Dill - Sauce (z.B. von Knorr)
100 g Zuckererbsenschoten
200 g Erbsen (TK)
1 Bund Lauchzwiebeln
2 Avocados
1 Glas getrocknete Tomaten
3 EL Zitronensaft
Salz, Pfeffer

Zubereitung:

- Zuckererbsenschoten in kleine Stücke schneiden.
- Nudeln nach Packungsanweisung bissfest garen.
- In den letzten 5 Minuten Schotenstücke und Erbsen zugeben.
- Nudeln abschütten und kalt abbrausen.
- Die Lauchzwiebeln und Tomaten in kleine Stücke schneiden.
- Avocados schälen, entkernen, klein schneiden und mit dem Zitronensaft beträufeln.
- Alle Zutaten mit den Nudeln vermengen.
- Dill - Sauce nach Packungsanweisung herstellen.
- Sauce unter die Nudelmasse rühren.
- Mit den Gewürzen abschmecken.
- Gekühlt servieren.

Reissalat mit Zuckerschoten

Zutaten:

350 g Reis
300 g Zuckererbsenschoten
100 g Bambussprossen
1 l Gemüsebrühe
2 TL Senf
5 EL Sonnenblumenöl
5 EL Balsamico-Essig
1 TL Paprikapulver
1 Dose Mais
Salz, Pfeffer, Kresse

Zubereitung:

- Zuckerschoten in kleine Stücke schneiden.
- Den Reis in der Gemüsebrühe bissfest kochen.
- Nach der halben Kochzeit die Schoten, Bambussprossen und Mais zugeben.
- Reis abschütten und etwas abkühlen lassen.
- Senf, Öl, Essig zu einem Dressing verrühren.
- Dressing mit Salz, Pfeffer und Paprikapulver abschmecken.
- Das Dressing unter den Reis rühren.
- Mindestens eine Stunde durchziehen lassen.
- Auf einer Platte anrichten.
- Mit Kresse überstreut servieren.

Safran - Reis - Salat

Zutaten:

300 g Duftreis
1 Dose Kichererbsen
200 g Erbsen (TK)
½ TL Safranfäden
2 Tomaten
1 grüne Paprika
1 rote Paprika
10 schwarze Oliven
2 hartgekochte Eier
1 EL Limettensaft
2 EL Balsamico
5 EL Kürbiskernöl
1 TL Senf
3 EL frischen Koriander (gehackt)
Salz, Pfeffer

Zubereitung:

- Safranfäden 10 Minuten in heißem Wasser einweichen.
- Reis mit Limettensaft und Safran gar kochen.
- Erbsen etwa 5 Minuten blanchieren.
- Tomaten, Paprika, Oliven und Eier in kleine Stücke schneiden.
- Kleine Stücke mit Erbsen, Kichererbsen, Koriander und dem Reis vermengen.
- Balsamico, Öl und Senf verrühren.
- Salzen und pfeffern.
- Mit dem Salat gut vermischen.
- Evtl. noch einmal abschmecken.
- Gekühlt servieren.

Tortellini - Mozzarella - Salat

Zutaten:

800 g Tortellini mit Käsefüllung (Kühlregal)
250 g Mozzarella
500 g Cocktailtomaten
1 kleines Glas Artischockenstücke
50 g schwarze Oliven ohne Stein
75 g getrocknete Tomaten (in Öl aus dem Glas)
4 Knoblauchzehen
25 g Cashewnüsse
50 g Parmesan
4 EL Öl (aus dem Tomatenglas)
2 EL Balsamico
1 Handvoll Basilikum
Salz, Pfeffer, Oregano

Zubereitung:

- Tortellini nach Packungsanweisung kochen.
- Kalt abschrecken und abkühlen lassen.
- Die getrockneten Tomaten etwas klein schneiden.
- Tomatenstücke, Cashewnüsse, Parmesan, Knoblauch und Basilikum im Mixer zu einer festen Paste vermahlen.
- Öl und Balsamico untermixen.
- Evtl. mit Wasser auf eine cremige Konsistenz verdünnen.
- Mit Salz, Pfeffer und Oregano abschmecken.
- Paste mit den Tortellini vermischen.
- Cocktailtomaten vierteln.
- Mozzarella klein würfeln.

- Oliven halbieren.
- Zusammen mit den Artischockenstücken unter die Tortellini mischen.
- Vermischtes noch einmal abschmecken.
- Abgedeckt mindestens eine Stunde ziehen lassen.

Spargel - Radieschen - Salat

Zutaten für 3 – 4 Personen:

1 kg frischer Spargel
15 Radieschen
100 g gekochter Schinken
4 Eier, hartgekocht
4 EL Olivenöl
3 EL Balsamico – Essig, weiß
6 EL Sahne
2 EL Koriander oder Basilikum, frisch, klein gehackt
Salz, Pfeffer, Zucker

Zubereitung:

- Spargel schälen
- In 4 cm große Stücke schneiden.
- In kochendem Salzwasser etwa 10 – 15 Minuten bissfest garen.
- Spargel abtropfen lassen.
- Radieschen und Eier in Scheiben schneiden.
- Schinken in kleine Stücke schneiden.
- Öl, Essig, Sahne und Koriander in einer Schüssel gut verrühren.
- Mit Salz, Pfeffer und Zucker abschmecken.
- Radieschen, Eier, Schinken und Spargeln zufügen.
- Alles gut vermischen.
- Etwa 2 Stunden ziehen lassen.
- Vor dem Servieren nochmals durchmischen.

Gebackenes

aus dem heißen Ofen

Äpfel - Brokkoli - Quiche

Zutaten Teig:

270 g Mehl
125 g Butter
1 Prise Salz/Pfeffer
1 Ei
2 EL kaltes Wasser
geriebene Muskatnuss

Zutaten Belag:

500 g Äpfel
500 g Brokkoli
1 rote Paprika
250 g Zwiebeln
300 g vegetarisches Hack
4 EL Butterschmalz
150 g geriebener Käse
4 Eier
150 g saure Sahne
100 ml Milch
Salz, Pfeffer

Zubereitung:

- Teigzutaten zu einem geschmeidigen Teig verkneten.
- In Folie gewickelt mindestens 30 Minuten kühl stellen.
- Brokkoli in kleine Röschen teilen.
- Röschen in Salzwasser 4 Minuten garen.
- Zwiebeln klein hacken.
- Hack und Zwiebeln im Schmalz anbraten.
- Äpfel in Spalten, Paprika in Streifen schneiden.
- Beides im Zwiebel-Hack kurz mitschmoren.

- Salzen und pfeffern.
- Teig in eine gefettete Tarteform / Springform drücken.
- Dabei einen 3 cm hohen Rand hochziehen.
- Hackmischung und Brokkoli in die Form geben.
- Sahne, Milch, Eier und 50 g Käse vermengen.
- Salzen und pfeffern.
- Über die Quiche gießen.
- Restkäse gleichmäßig darauf verteilen.
- Bei 175° C etwa 90 Minuten backen.
- Evtl. mit Alufolie abdecken.

Bunte Torte

Zutaten Boden:

250 g Mehl
100 g Kräuterbutter
1 Ei
1 TL Backpulver
1 Prise Salz
4 EL Wasser

Zutaten Belag:

2 Stangen Porree
200 g Champignons
1 gelbe Paprika
1 grüne Paprika
1 rote Paprika
400 g Hackfleisch
100 g gekochter Schinken
1 Zwiebel
4 Knoblauchzehen
200 g Schlagsahne
4 Eier
3 EL Paniermehl
150 g geriebener Käse
Salz, Pfeffer, Muskat, Oregano, Öl

Zubereitung:

- Teigzutaten zu einem geschmeidigen Teig verkneten.
- In Folie gewickelt mindestens 30 Minuten kühl stellen.
- Porree, Pilze, Paprika und Schinken klein schneiden.
- Zwiebel und Knoblauch fein hacken.
- Beides in Öl glasig dünsten.

- Hackfleisch zugeben und krümelig braten.
- Porree, Pilze und Paprika 5 Minuten mitdünsten.
- Salzen und pfeffern.
- Abkühlen lassen.
- Gekühlten Teig in eine gefettete Springform drücken.
- Eier, Sahne, Paniermehl und 100 g Käse verrühren.
- Mit den Gewürzen abschmecken.
- Hackmasse, Schinken und Eiersahne gut vermengen.
- Masse auf den Tortenboden geben.
- Restkäse überstreuen.
- Bei 200° C etwa 55 Minuten backen.
- Evtl. nach der halben Backzeit mit Alufolie abdecken.

Champignon - Quiche

Zutaten Teig:

400 g Mehl
100 g Butter
½ TL Salz
100 g Saure Sahne
1 Würfel Hefe (alternativ Trockenhefe)

Zutaten Belag:

500 g Cherry - Tomaten
500 g Champignons
6 gelbe Spitzpaprika
400 g Schlagsahne
6 Eier
1 Zwiebel
100 g geriebener Käse
Oregano, Thymian
Salz, Pfeffer, Olivenöl

Zubereitung:

- Butter schmelzen lassen.
- Saure Sahne erhitzen und die zerbröselte Hefe darin auflösen.
- Alle Teigzutaten zu einem geschmeidigen Teig verkneten.
- Teig im Kühlschrank 30 Minuten zugedeckt ruhen lassen.
- Pilze und Paprika in kleine Stücke schneiden.
- Zwiebel fein hacken.
- Tomaten vierteln.
- Zwiebel und Pilze in Öl anbraten.

- Paprika und Tomaten kurz mitbraten.
- Salzen und pfeffern.
- Eine große Quicheform (Tarteform) einfetten.
- Den Teig in die Form drücken (ausrollen).
- Dabei auch einen Rand hochziehen.
- Das Gemüse gleichmäßig auf dem Teig verteilen.
- Sahne, Eier, Oregano und Thymian verrühren.
- Mit den Gewürzen abschmecken.
- Eier-Sahne über das Gemüse gießen.
- Bei 175° C etwa 45 Minuten überbacken.
- Nach 20 Minuten Backzeit den Käse überstreuen.

Gemüse - Quiche

Zutaten Teig:

135 g weiche Butter
1 Ei
270 g Mehl
4 EL Milch
½ TL Salz

Zutaten Belag:

2 Zucchini
100 g Cherry - Tomaten
1 rote Paprika
200 g Frischkäse mit Kräutern
1 Zwiebeln
4 Knoblauchzehen
8 Eier
4 EL Milch
2 EL Paniermehl
Backpapier, Trockenerbsen
Salz, Pfeffer, Olivenöl

Zubereitung:

- Fünf Eier hart kochen.
- Alle Teigzutaten zu einem glatten Teig verkneten.
- In Folie gewickelt den Teig etwa 30 Minuten kühl stellen.
- Teig in eine gefettete Springform (Quicheform) drücken bzw. ausrollen.
- Dabei einen Rand von 3 cm hochziehen.
- Teig mehrmals mit einer Gabel einstechen.
- Mit Backpapier bedecken und mit Erbsen beschweren.

- Bei 200° C etwa 12 Minuten vorbacken.
- Zucchini und Paprika in kleine Stücke schneiden.
- Tomaten vierteln.
- Zwiebeln und Knoblauch fein hacken.
- Beides in Olivenöl glasig dünsten.
- Zucchini und Paprika zugeben.
- Etwa 5 Minuten dünsten lassen.
- Danach Tomaten untermischen.
- Salzen und pfeffern.
- Ganze Mischung etwas abkühlen lassen.
- Die restlichen Eier, Frischkäse und Milch verrühren.
- Mit Salz und Pfeffer abschmecken.
- Hartgekochte Eier klein schneiden.
- Vorgebackenen Teig mit Paniermehl bestreuen
- Gemüsemischung und Eierstücke auf den Teig geben.
- Eiersahne über die Quiche gießen.
- Bei 175° C zugedeckt 30 – 35 Minuten fertig backen.

Käse - Quiche

Zutaten Teig:

250 g Mehl
100 g Butter
1 Ei
1 Prise Salz
1 TL Backpulver
1 EL Zitronensaft

Zutaten Belag:

125 ml Milch
100 g Zuckererbsenschoten
200 g geriebener Emmentaler
90 g geriebener Greyerzer Käse
3 Eier
30 g Mehl
1 Prise Salz

Zubereitung:

- Für den Teig Butter, Ei und Zitronensaft schaumig rühren.
- Mit Mehl, Backpulver und Salz zu einem glatten Teig verkneten.
- Teig in Folie gewickelt 30 Minuten im Kühlschrank ruhen lassen.
- Für den Belag die Eier trennen.
- Eiweiß sehr steif schlagen.
- Zuckererbsenschoten in kleine Stücke schneiden.
- Eigelb, Milch und Salz verquirlen.
- Mehl, Käse und Erbsenschoten unterrühren.

- Zum Schluss den Eischnee unterheben.
- Den Teig in eine gefettete Springform drücken bzw. ausrollen.
- Dabei einen 3 cm Rand hochziehen.
- Käsemasse auf den Teig geben und glatt streichen.
- Bei 220° C etwa 20 Minuten backen.

Kartoffel - Tortilla

Zutaten:

1 kg Kartoffeln
2 Zwiebeln
4 Eier
250 ml Milch
50 g geriebener Käse
300 g Porree
3 Tomaten
2 EL Olivenöl
3 Knoblauchzehen
Salz, Pfeffer, Paprika

Zubereitung:

- Kartoffeln in der Schale kochen.
- Porree in dünne Scheiben schneiden.
- Zwiebeln und Knoblauch fein hacken.
- Tomaten entkernen und in kleine Würfel schneiden.
- Knoblauch und Zwiebeln im Öl glasig dünsten.
- Porree zugeben und 5 Minuten mitdünsten.
- Tomatenstücke untermengen.
- Kartoffeln pellen und in Scheiben schneiden.
- Kartoffelscheiben vorsichtig unter das Gemüse mengen.
- Mit Salz, Pfeffer und Paprika würzen.
- Alles in eine flache Auflaufform füllen.
- Milch und Eier verquirlen und würzen.
- Eiermilch über die Tortilla geben.
- Bei 175° C 25 Minuten stocken lassen.
- Käse überstreuen und 5 Minuten weiterbacken.

Kräuter - Quiche

Zutaten:

300 g Quicheteig
(frisches Fertigprodukt aus dem Kühlregal)
200 g Kräuter für Frankfurter grüne Soße
(alternativ gefrorene Kräutermischung)
500 g Ricotta
4 Eier
100 g Sahne
Salz, Pfeffer

Zubereitung:

- Teig 20 Minuten vor der Verarbeitung aus dem Kühlschrank nehmen.
- Dann den Teig in eine gefettete Tarteform legen.
- Ein paar Mal mit einer Gabel einstechen.
- Kräuter fein hacken.
- Ein Ei trennen.
- Das Eiweiß steif schlagen.
- Eigelb, restliche Eier, Sahne und Ricotta verrühren.
- Kräuter unterrühren.
- Salzen und pfeffern.
- Eischnee unter die Ricottacreme heben.
- Creme in die Tarteform füllen.
- Bei 180° C etwa 30 – 35 backen.

Möhren - Porree - Lasagne

Zutaten:

600 g Möhren
2 Zwiebeln
3 Stangen Porree
4 Knoblauchzehen
4 Dosen stückige Tomaten
4 EL Olivenöl
12 – 15 Lasagneblätter
1 TL Oregano
200 g geriebener Käse
Salz, Pfeffer

Zubereitung:

- Zwiebeln und Knoblauch fein hacken.
- Beides in 2 EL Öl glasig dünsten.
- Tomaten mit Saft und Oregano unterrühren.
- Salzen und pfeffern.
- Zu einer dicken Masse einkochen lassen.
- Möhren grob raspeln.
- Porree in feine Ringe schneiden.
- Beides in 2 EL Öl und 3 EL Wasser bissfest anbraten.
- Salzen und pfeffern.
- Drei EL Tomatensoße auf dem Boden einer Auflaufform verteilen.
- Eine Schicht Lasagneblätter auflegen.
- Darauf die halbe Menge Möhren – Porree verteilen.
- Ein Drittel der Tomatensoße aufstreichen.
- Vom Käse ein Drittel überstreuen.

- Vorgang mit Lasagneblätter, Möhren – Porree, Tomatensoße und Käse wiederholen.
- Als letzte Schicht Lasagneblätter auflegen und mit Tomatensoße bestreichen.
- Mit dem Restkäse überstreuen.
- Bei 200° C etwa 30 Minuten überbacken.

Pilze - Schinken - Tarte

Zutaten Teig:

240 g Weizenmehl
150 g Butter
½ Päckchen Backpulver
½ TL Salz
2 EL Wasser

Zutaten Belag:

100 g geräucherter Walnuss-Schinken (Scheiben)
500 g Champignons
2 Zwiebeln
300 g Gruyère Käse
3 Eier
5 Stiele Thymian (gehackt)
200 g Schmand
50 ml Milch
Salz, Pfeffer

Zubereitung:

- Teigzutaten zu einem geschmeidigen Teig verkneten.
- Teig in eine gefettete Tarteform / Springform drücken.
- Dabei einen 3 cm hohen Rand hochziehen.
- Mit einer Gabel mehrfach einstechen.
- Mindestens 60 Minuten kühl stellen.
- Zwiebel fein hacken.
- Pilze in kleine Stücke schneiden.
- Beides in etwas Olivenöl braten.
- Würzen mit Salz, Pfeffer und Thymian.
- Gebratenes abkühlen lassen.

- Den Käse grob raspeln.
- Schinken in kleine Stückchen schneiden.
- Zusammen mit ⅓ vom Käse auf dem Tarteboden verteilen.
- Pilzmischung darüber geben.
- Milch, Eier und Schmand verrühren.
- Mit den Gewürzen abschmecken.
- Gleichmäßig über die Pilze gießen.
- Den restlichen Käse überstreuen.
- Bei 200° C etwa 35 – 40 Minuten überbacken.

Pizza mit Spargel und Pilzen

Zutaten Boden:

400 g Mehl
40 g Hefe
250 ml Milch
2 TL Zucker
½ TL Salz

Zutaten Belag:

400 g grüner Spargel
150 g Champignons
6 hart gekochte Eier
250 g Cherry-Tomaten
100 g geriebener Käse
200 g Mozzarella
1 EL italienische Kräuter
1 Dose Pizzatomaten
3 EL Tomatenketchup
1 EL Tomatenmark
Salz, Pfeffer, Paprikapulver, Oregano

Zubereitung:

- Hefe klein würfeln und mit dem Zucker, etwas Mehl Milch zu einem Vorteig verrühren.
- Den Teig 10 Minuten zugedeckt ruhen lassen.
- Restliches Mehl, Milch und ½ TL Salz hinzufügen.
- Verrühren bis sich der Teig vom Schüsselrand löst.
- Teig eine halbe Stunde zugedeckt gehen lassen.
- Spargel putzen und in kleine Stücke schneiden.
- Stücke in Salzwasser etwa 10 Minuten vorgaren.
- Pilze und Tomaten in kleine Stücke schneiden.

- Die Eier abpellen und vierteln.
- Mozzarella in dünne Scheiben schneiden.
- Den aufgegangenen Teig kurz durchkneten.
- Teig auf einem gefetteten Backblech ausrollen.
- Pizzatomaten, Ketchup und Tomatenmark verrühren.
- Kräuter hinzufügen und Salzen und Pfeffern.
- Pizzatomatensoße auf den Teig geben.
- Alle Belag – Zutaten gleichmäßig darauf verteilen.
- Etwas Salz, Pfeffer, Paprika und Oregano überstreuen.
- Zum Schluss den geriebenen Käse auf die Pizza geben.
- Bei 220° C etwa 15 - 20 Minuten backen.

- **Alternativ:**

- 1½ Päckchen Trockenhefe statt Frischhefe

- Mehl, Zucker, Hefe, Salz vermischen.
- Mit der Milch verrühren, bis der Teig sich vom Schüsselrand löst.
- Teig eine halbe Stunde zugedeckt gehen lassen.

Weiter wie oben

Porree - Käse - Tarte

Zutaten:

250 g Mehl
1 Prise Salz
½ Päckchen Trockenhefe
1 EL Zucker
2 EL Olivenöl
125 ml Wasser (lauwarm)
100 ml Milch
6 Eier
500 g Porree
200 g saure Sahne
150 g Möhren
150 g geriebener Käse
Salz, Pfeffer, Muskat

Zubereitung:

- Mehl, Salz, Zucker und Hefe vermischen.
- Mit Wasser und Öl zu einem glatten Teig verkneten.
- Zugedeckt zur doppelten Größe aufgehen lassen.
- Porree in dünne Scheiben schneiden.
- Möhren grob raspeln.
- Milch, Eier und Sahne gut verquirlen.
- Kräftig mit Salz, Pfeffer und Muskat würzen.
- Gegangenen Teig ausrollen.
- Rollteig in einer Tarteform (Springform) auslegen.
- Dabei einen Rand hochziehen.
- Möhren und Porree auf den Teigboden geben.
- Eiermilch über das Gemüse gießen.
- Mit dem Käse überstreuen.
- Bei 200° C etwa 50 Minuten backen.

Porree - Quiche

Zutaten Teig:

300 g Weizenmehl
150 g Butter
1 Prise Salz
1 Ei
2 EL Wasser

Zutaten Belag:

2 – 3 Stangen Porree
500 g Champignons
200 g geriebener Käse
4 Eier
200 g Sahne
1 EL Speisestärke
Salz, Pfeffer, Oregano, Öl

Zubereitung:

- Teigzutaten zu einem geschmeidigen Teig verkneten.
- Teig in eine gefettete Quicheform/Springform drücken.
- Dabei einen 3 cm hohen Rand hochziehen.
- Mindestens 30 Minuten kühl stellen.
- Für den Belag Porree und Pilze in Scheiben schneiden.
- Beides in Öl etwa 7 Minuten dünsten.
- Etwas abkühlen lassen.
- Sahne, Eier, Stärke und 150 g Käse gut verrühren.
- Porree – Pilze untermengen.
- Mit den Gewürzen abschmecken.
- Porreemischung auf den Teig geben.
- Restlichen Käse überstreuen.
- Bei 200° C etwa 40 – 45 Minuten backen.

Quiche mit Tomaten und Rucola

Zutaten:

240 g Mehl
120 g kalte Butter
25 ml kaltes Wasser
250 g Schlagsahne
2 Eier
3 Eigelb
6 Tomaten
100 g Schafskäse
½ Bund Rucolasalat
Olivenöl, Balsamico, Pfeffer, Salz

Zubereitung:

- Butter, Mehl, 1 Prise Salz und Wasser verkneten.
- In Alufolie wickeln und 1 Stunde kalt stellen.
- Eier, Eigelb und Sahne verrühren.
- Eiersahne salzen und pfeffern.
- Tomaten in Scheiben schneiden.
- Olivenöl, Balsamico über die Tomaten geben.
- Tomaten salzen und pfeffern.
- Eine Springform (Tarteform) einfetten.
- Teig ausrollen bzw. in die Form drücken.
- Dabei einen Rand von etwa 3 cm hochziehen.
- Eiersahne auf den Teig geben.
- Tomatenscheiben in die Eiersahne legen.
- Bei 200° C etwa 30 Minuten backen.
- Den Schafskäse in kleine Stücke schneiden.
- Schafskäse über die Quiche streuen.
- Quiche weiter 5 Minuten backen.
- Die Quiche mit Rucolablättern überstreut servieren.

Rotkohl - Quiche

Zutaten:

1 Glas Rotkohl (720 ml)
2 Äpfel
400 g Pizzateig (frisches Fertigprodukt)
1 Stange Porree
4 Eier
150 g geriebener Käse
200 g Sahne
3 EL Mehl
2 EL gemischte Kräuter
Salz, Pfeffer

Zubereitung:

- Rotkohl in einem Sieb gut abtropfen lassen.
- Pizzateig in eine gefettete Springform legen.
- Dabei einen Rand (ca. 3 cm) hochziehen.
- Äpfel schälen und in kleine Stücke schneiden.
- Porree ebenfalls klein schneiden.
- Ausgedrückten Rotkohl, Porree und Äpfel vermengen.
- Sahne, halbe Käsemenge, Eier, Mehl und Kräuter verrühren.
- Salzen und pfeffern.
- Sahnesoße unter die Rotkohlmasse rühren.
- Alles gleichmäßig in die Form geben.
- Restkäse überstreuen.
- Bei 180° C etwa 35 – 40 Minuten überbacken.

Spargel - Quiche

Zutaten Teig:

250 g Weizenmehl
100 g weiche Butter
1 TL Backpulver
½ TL Salz
5 EL Wasser

Zutaten Belag:

500 g Spargel
150 g gekochter Schinken (Scheiben)
200 g geriebener Käse
4 Eier
200 g Crème fraîche
1 Bund Petersilie
Salz, Pfeffer

Zubereitung:

- Alle Teigzutaten zu einem geschmeidigen Teig verkneten.
- Teig in eine gefettete Tarteform oder Springform drücken (ausrollen).
- Dabei einen 3 cm hohen Rand hochziehen.
- Mindestens 30 Minuten kühl stellen.
- Den Spargel waschen und schälen.
- Stangen in 3 cm lange Stücke schneiden.
- Stücke in kochendem Salzwasser etwa 5 - 7 Minuten vorgaren.
- Danach abschrecken und abtropfen lassen.
- Schinken in kleine Stücke schneiden.
- Petersilie klein hacken.

- Halbe Käsemenge auf den Teigboden streuen.
- Spargel und Schinken darauf verteilen.
- Eier, Petersilie und Crème fraîche verrühren.
- Mit Salz und Pfeffer abschmecken.
- Abgeschmecktes über den Schinkenspargel gießen.
- Restlichen Käse überstreuen.
- Bei 180° C etwa 45 Minuten backen.

Spinat - Blumenkohl - Quiche

Zutaten Teig:

135 g weiche Butter
1 Ei
270 g Mehl
4 EL Milch
½ TL Salz

Zutaten Füllung:

200 g Blattspinat (TK)
1 kleiner Blumenkohl (500 g)
200 g Spätzle
1 Zwiebel
4 Knoblauchzehen
1 Dose Pizzatomaten
150 g geriebener Käse
1 EL Tomatenmark
Salz, Pfeffer, Muskat, Zucker, Olivenöl

Zubereitung:

- Den Spinat auftauen lassen.
- Alle Teigzutaten zu einem glatten Teig verkneten.
- In Folie gewickelt den Teig etwa 30 Minuten kühl stellen.
- Teig in eine gefettete Springform drücken.
- Dabei einen Rand von 3 cm hochziehen.
- Teig mehrmals mit einer Gabel einstechen.
- Bei 200° C etwa 12 Minuten vorbacken.
- Spätzle in Salzwasser nach Packungsanweisung garen.
- Blumenkohl in kleine Röschen teilen.

- Röschen in Salzwasser etwa 7 – 8 Minuten kochen.
- Zwiebeln und Knoblauch fein hacken.
- Beides in Olivenöl glasig dünsten.
- Tomatenmark unterrühren und kurz mitdünsten.
- Danach Tomaten untermischen.
- Mischung etwa 3 – 4 Minuten köcheln lassen.
- Anschließend Tomatenmischung pürieren.
- Mit Salz, Pfeffer und Zucker abschmecken.
- Aufgetauten Spinat klein hacken und kurz erhitzen.
- Mit Salz, Pfeffer und Muskat abschmecken.
- Spätzle abgießen.
- Blumenkohl, Spinat, Spätzle und etwa zwei Drittel der Tomatensauce in einer Schüssel vermischen.
- Die Hälfte vom Käse unterrühren.
- Nudelgemüse auf dem vorgebackenen Teig verteilen.
- Restliche Tomatensauce darauf verteilen.
- Den restlichen Käse überstreuen.
- Bei 200° C ca. 20 – 25 Minuten fertig backen.

Spinat - Quiche

Zutaten Teig:

135 g weiche Butter
1 Ei
270 g Mehl
4 EL Milch
½ TL Salz

Zutaten Belag:

900 g Blattspinat (TK)
300 g Cherry - Tomaten
1 rote Paprika
250 g Mozzarella
2 Zwiebeln
4 Knoblauchzehen
3 Eier
5 EL Olivenöl
200 g Sahne
50 g geriebener Käse
Salz, Pfeffer, Muskat

Zubereitung:

- Den Spinat auftauen lassen.
- Alle Teigzutaten zu einem glatten Teig verkneten.
- In Folie gewickelt den Teig etwa 30 Minuten kühl stellen.
- Teig in eine gefettete Springform drücken bzw. ausrollen.
- Dabei einen Rand von 3 cm hochziehen.
- Teig mehrmals mit einer Gabel einstechen.
- Bei 200° C etwa 12 Minuten vorbacken.

- Mozzarella und Paprika in kleine Stücke schneiden.
- Tomaten je nach Größe vierteln oder halbieren.
- Zwiebeln und Knoblauch fein hacken.
- Beides in Olivenöl glasig dünsten.
- Den ausgedrückten Spinat und Paprika zugeben.
- Etwa 5 Minuten dünsten lassen.
- Danach Tomaten und Mozzarella untermischen.
- Ganze Mischung etwas abkühlen lassen.
- Die restlichen Eier und die Sahne vermischen.
- Mit Salz, Pfeffer und Muskat abschmecken.
- Eiersahne unter die Spinatmischung rühren.
- Spinatmischung auf den Teig geben.
- Den geriebenen Käse überstreuen.
- Bei 200° C zugedeckt 40 – 45 Minuten fertig backen.

Zwiebelkuchen mit Hefeteig

Zutaten Boden:

400 g Mehl
40 g Hefe
250 ml Milch
2 TL Zucker
½ TL Salz

Zutaten Belag:

800 g Gemüsezwiebeln
150 g gekochter Schinken
3 Knoblauchzehen
3 Eier
50 ml Milch
250 g saure Sahne
Salz, Pfeffer, Öl

Zubereitung:

- Klein gebröselte Hefe mit dem Zucker, etwas Mehl Milch zu einem Vorteig verrühren.
- Den Teig 10 Minuten zugedeckt ruhen lassen.
- Das restliche Mehl, die Milch und das Salz hinzufügen.
- Alles verrühren bis der Teig sich vom Schüsselrand löst.
- Teig eine halbe Stunde zugedeckt gehen lassen.
- Den Teig auf einem gefetteten Backblech ausrollen.
- Zwiebeln und Schinken in schmale Streifen schneiden.
- In Öl die Zwiebeln glasig dünsten.
- Zerquetschten Knoblauch und Schinken kurz mitdünsten.
- Mischung salzen und pfeffern.

- Eier, Milch und Sahne verrühren.
- Ebenfalls salzen und pfeffern.
- Zwiebeln auf dem Teig verteilen.
- Eiersahne über die Zwiebeln gießen.
- Bei 200° C etwa 30 Minuten backen.

Alternativ:

- 1½ Päckchen Trockenhefe statt Frischhefe

- Mehl, Zucker, Hefe, Salz vermischen.
- Mit der Milch verrühren, bis der Teig sich vom Schüsselrand löst.
- Teig eine halbe Stunde zugedeckt gehen lassen.
- Den Teig auf einem gefetteten Backblech ausrollen.

Weiter wie oben

Zwiebelkuchen mit Tomaten

Zutaten Boden:

350 g Mehl
1½ Päckchen Trockenhefe
280 ml Wasser (lauwarm)
2 TL Zucker
½ TL Salz
2 EL Olivenöl

Zutaten Belag:

500 g Zwiebeln
500 g Tomaten
150 g gekochter Schinken
4 Knoblauchzehen
80 g geriebener Käse
Salz, Pfeffer, Oregano, Öl

Zubereitung:

- Mehl, Zucker, Hefe, Salz vermischen.
- Mit dem Wasser verrühren, bis sich der Teig vom Schüsselrand löst.
- Teig eine halbe Stunde zugedeckt gehen lassen.
- Zwiebeln und Knoblauch klein hacken.
- Beides in Öl glasig dünsten.
- Schinken und Tomaten klein schneiden.
- Tomaten etwas abtropfen lassen.
- Kleingeschnittenes unter die Zwiebeln mischen.
- Mischung „oreganosieren", salzen und pfeffern.
- Den Teig auf einem gefetteten Backblech ausrollen.
- Zwiebelmischung auf dem Teig verteilen.
- Käse überstreuen.
- Bei 230° C etwa 12 - 15 Minuten backen.

Dies und das

mit Pesto

Knoblauch - Pesto

(z.B. für Raclette)

Zutaten:

6 Knoblauchzehen
120 g Joghurt (mind. 3,5% Fett)
120 g Kräuter Creme fraîche
120 g Creme fraîche
1 Prise Zucker
Salz, Pfeffer

Zubereitung:

- Joghurt, Creme fraîche und Zucker gut verrühren.
- Knoblauch sehr klein schneiden oder zerquetschen.
- Unter die Joghurtcreme rühren.
- Mit Salz und Pfeffer abschmecken.

Koriander - Mandel - Pesto

(z.B. für Raclette)

Zutaten:

1 Bund Koriander
2 Bund Petersilie
3 Knoblauchzehen
50 g geriebenen Parmesankäse
50 g gemahlene Mandeln
80 ml Olivenöl
Salz, Pfeffer

Zubereitung:

- Koriander und Petersilie sehr klein schneiden.
- Knoblauch in kleine Stücke hacken.
- Kleinzeug mit Käse und Mandeln gut vermischen.
- Das Öl unterrühren.
- Mit Salz und Pfeffer abschmecken.

Kokos - Mandarinen - Risotto

Zutaten:

300 g Risottoreis
1 Stange Porree
100 g Zuckererbsenschoten
2 gekochte Eier
3 Tomaten
2 Zwiebeln
3 Knoblauchzehen
1 Dose Mandarinen
400 ml Kokosnussmilch
600 ml Gemüsebrühe
1 TL Currypulver
Salz, Pfeffer, Oregano, Olivenöl

Zubereitung:

- Zuckererbsenschoten und Porree klein schneiden.
- Tomaten in kleine Stücke schneiden.
- Eier klein würfeln.
- Gemüsebrühe mit der Kokosnussmilch erhitzen.
- Knoblauch und Zwiebeln fein hacken.
- Beides in 5 EL Öl glasig dünsten.
- Den Reis zugeben und gut im Bratfett wenden.
- Etwa ein Drittel der heißen Brühe zugießen.
- Bei kleiner Hitze garen, bis die Flüssigkeit vom Reis aufgesogen ist.
- Dabei immer wieder umrühren.
- Ein weiteres Drittel der Brühe zugießen.
- Zuckererbsenschoten und Porree ins Risotto geben.
- Rühren nicht vergessen.
- Wieder etwas Brühe nachgießen.

- Tomaten, Eier und Currypulver unter das Risotto rühren.
- Nach und nach restliche Brühe zugeben.
- Immer umrühren und die Flüssigkeit einkochen lassen.
- Wenn die Risotto - Flüssigkeit fast verkocht ist, die Mandarinen unterrühren.
- Mit den Gewürzen abschmecken.
- Risotto auf Tellern anrichten.

Mango - Pesto

(z.B. für Raclette)

Zutaten:

1 reife Mango
50 ml Orangensaft
2 Chilischoten
1 TL Zucker
½ TL Currypulver
Salz, Pfeffer

Zubereitung:

- Die Mango schälen.
- Das Mangofleisch vom Stein schneiden.
- Fleisch in kleine Stücke schneiden.
- Chilischoten ebenfalls klein schneiden.
- Mango, Chili, Orangensaft und Zucker pürieren.
- Mit Salz, Pfeffer und Curry abschmecken.

Nudeln mit Gartengemüse

Zutaten:

400 g Nudeln (Art nach Lust und Laune)
150 g Erbsen (tiefgefroren)
200 g Brokkoli (ohne Stumpf und Stiel)
1 Bund Lauchzwiebeln
200 g Zucchini
2 Dosen Tomatenstücke
750 g Gemüsebrühe
100 g Käse (gerieben, Sorte nach Geschmack)
Salz, Pfeffer, Thymian, Oregano

Zubereitung:

- Zucchini, Lauchzwiebeln und Brokkoli in kleine Stücke schneiden.
- Kleine Stücke in einen großen Topf geben.
- Tomaten mit Flüssigkeit, Erbsen und Nudel zugeben.
- Alles einmal gut umrühren.
- Gemüsebrühe zum Kochen bringen.
- Gewürze unter die Brühe rühren.
- Brühe in den großen Topf geben und gut umrühren.
- Zugedeckt zum Kochen bringen.
- Dann je nach Nudeln etwa 10 – 15 Minuten kochen.
- Immer mal wieder umrühren.
- Halbe Menge Käse unterrühren.
- Restkäse zu den Nudeln servieren.

Nudeln mit Spinat und Gorgonzola

Zutaten:

400 g Nudeln (z.B. Penne Rigate)
150 g Spinat (TK, klein geschnitten)
25 g geriebener Parmesan
100 g Gorgonzola
100 g Mascarpone
3 Zwiebeln
4 Knoblauchzehen
350 ml Milch
100 ml Weißwein
1 EL Butter
1 EL Mehl
2 EL Zitronensaft
30 g gehackte Walnusskerne
Salz, Pfeffer, Muskat

Zubereitung:

- Spinat auftauen lassen.
- Knoblauch und Zwiebeln fein hacken.
- Beides in der Butter glasig dünsten.
- Mehl zugeben und anschwitzen lassen.
- Mit dem Wein ablöschen.
- Milch zugeben und glatt rühren.
- Zwischendurch die Nudeln bissfest garen.
- Gorgonzola, Mascarpone und Parmesan zur Soße geben und schmelzen lassen.
- Mit den Gewürzen und Zitronensaft abschmecken.
- Spinat unterrühren.
- Alles zusammen kurz köcheln lassen.
- Soße und fertige Nudeln gut vermischen.
- Mit den Nüssen bestreut servieren.

Chaigerichte

immer wieder sehr lecker

Gäng Kai Phrik Khihnu
(Hühnercurry mit Paprika)

Zutaten:

400 g Hühnerbrustfilet
500 ml Kokosmilch
1 EL rote Chilipaste
2 rote Paprika
1 Glas streifige Bambussprossen
10 kleine Maiskölbchen (Glas)
6 Frühlingszwiebeln
6 Cherry - Tomaten
1 Stück Ingwer (daumengroß)
1 EL Erdnussbutter
1 EL Fischsauce
1 TL gehacktes Zitronengras
2 EL Palmzucker
1 EL Thai Basilikum
1 EL Sojasauce
2 EL Olivenöl

Zubereitung:

- Hühnerfleisch in schmale Streifen schneiden.
- Ingwer fein hacken.
- Beides mit 1 EL Öl und der Sojasauce gut vermischen.
- Etwa 30 Minuten marinieren lassen.
- Anschließend in einer Pfanne anbraten.
- Das Gemüse in kleine Stücke schneiden.
- Currypaste in einem Topf mit dem restlichen Öl anbraten.
- Die Erdnussbutter darin schmelzen lassen.

- Mit der Kokosmilch ablöschen.
- Das Gemüse unterrühren und 15 Minuten köcheln lassen.
- Fleisch zugeben und kurz mitköcheln lassen.
- Mit Fischsauce, Zitronengras und dem Zucker abschmecken.
- Mit gehacktem Basilikum überstreuen.
- Zusammen mit asiatischem Duftreis servieren.

Mii Koreng
(Mienudeln mit Tofu und Omelette)

Zutaten für 4 – 5 Personen:

500 g Mienudeln
150 g Tofu
1 Bund Frühlingszwiebeln
2 Eier
1 große Zwiebel
3 Knoblauchzehen
2 mittelgroße Kartoffeln
3 EL Tomatenketchup
2 EL Sojasoße
2 EL Chilisoße
1 Bund Koriander (klein gehackt)
2 EL Nam Pla (Fischsauce)
Salz, Pfeffer, Chilipulver, Pflanzenöl

Zubereitung:

- Kartoffeln in kleine Würfel schneiden.
- Würfel etwa 15 Minuten kochen lassen.
- Tofu, Zwiebel und Knoblauch in kleine Stücke schneiden.
- Frühlingszwiebeln ebenfalls kleinschneiden.
- In einer großen Pfanne (Wok) in Öl Zwiebeln und Knoblauch anbraten.
- Tofu, Kartoffeln und Frühlingszwiebeln kurz mitbraten.
- Pfanne zur Seite stellen.
- Eier mit 2 EL Wasser verquirlen.
- Gequirltes in einer zweiten Pfanne beidseitig zu einem Omelette braten.

- Omelette in Streifen schneiden und aufrollen.
- Mienudeln etwa 4 Minuten in kochendem Wasser kochen lassen.
- Abschütten und in die große (Zwiebel-) Pfanne geben.
- Ketchup, Koriander, Sojasoße, Chilisoße zugeben.
- Alles gemeinsam ein paar Minuten braten.
- Mit den Gewürzen und Nam Pla abschmecken.
- Vor dem Servieren die Omelettestreifen unterheben.

Sup mạnfrạng h̄wān
(Thaisuppe mit Süßkartoffeln)

Zutaten:

800 g Süßkartoffeln
2 Schalotten
1 Stück Ingwer (2 - 3 cm)
4 Knoblauchzehen
1 EL gehackten Schnittlauch
2 TL Kurkumapulver
1 Messerspitze Chilipulver
1 Zimtstange
1 TL Korianderpulver
1 TL Kreuzkümmel
800 ml Gemüsebrühe
3 EL Olivenöl
200 ml Kokosmilch
4 TL Creme fraîche
Salz, Pfeffer

Zubereitung:

- Ingwer, Knoblauch und Schalotten fein hacken.
- Kartoffeln schälen und in kleine Würfel schneiden.
- In einem Topf das Öl erhitzen.
- Ingwer, Knoblauch und Schalotten darin anbraten.
- Kümmel, Koriander und Kurkuma kurz mitdünsten.
- Kokosmilch und Gemüsebrühe zugießen.
- Mit Pfeffer, Salz und Chili abschmecken.
- Kartoffeln und Zimtstange zugeben.
- Etwa 20 Minuten köcheln lassen.

- Zimtstange entfernen und die Suppe pürieren.
- Noch einmal kurz aufkochen lassen.
- Suppe auf vier Suppenteller verteilen.
- Je einen Esslöffel Creme fraîche auf die Teller geben.
- Mit dem Schnittlauch überstreut servieren.

Khao Phad Sapparod
(Gebratener Reis mit Ananas)

Zutaten:

250 g Reis
1 EL Koriander
3 EL Rosinen
1 Ananas
3 Knoblauchzehen
2 Zwiebeln
2 EL Tomatenketchup
2 Tomaten
1 EL Palmzucker
2 Eier
2 EL Nam Pla (Fischsauce)
3 EL Öl

Zubereitung:

- Reis kochen und abkühlen lassen.
- Zwiebeln, Tomaten und Ananas in kleine Stücke schneiden.
- Öl in einem Wok (große Pfanne) erhitzen.
- Den feingehackten Knoblauch goldgelb anbraten.
- Eier hinzugeben, verrühren und hellbraun braten.
- Die Zwiebeln und den Koriander dazugeben.
- Etwa eine Minute mitbraten.
- Tomatenwürfel, Ananasstücke, Rosinen und den Reis hinzufügen.
- Unter Rühren heiß werden lassen.
- Mit Nam Pla, Ketchup und Palmzucker abschmecken.

Muffins

klein, rund, lecker

Himbeer - Mandel - Muffins

Zutaten:

200 g Himbeeren
100 g gehackte Mandeln
150 g Mehl
150 g Zucker
100 g Schokoladenraspeln
1½ TL Backpulver
150 g weiche Butter
1 Päckchen Vanillezucker
3 Eier
1 TL Zimt

Zutaten für die Verzierung:

50 g Kuvertüre
20 g Butter

Zubereitung:

- Eier mit Zucker, Vanillezucker und Butter glatt verrühren.
- Himbeeren ebenfalls unterrühren.
- Mehl, Backpulver und Zimt vermischen.
- Mischung unter die Eiercreme heben.
- Danach Schokoraspeln und Mandeln unterheben.
- Teig auf 12 Muffinförmchen verteilen.
- Bei 200° C etwa 25 Minuten backen.
- Etwa 10 Minuten abkühlen lassen.
- Kuvertüre und Butter im Wasserbad schmelzen lassen.
- Verzierungen z.B. Himbeeren (oder nach Lust, Laune, und Anlass) mit der Kuvertüre anbringen.

Kokos - Möhren - Apfel - Muffins

Zutaten:

180 g Mehl
100 g Zucker
3 EL Kokosraspel
1 Päckchen Vanillezucker
2 TL Backpulver
1 TL Zimt
½ TL Salz
60 g geschmolzene Butter
2 Eier
50 ml Milch
150 g Möhren
1 Apfel

Zubereitung:

- Mehl, Zucker, Vanillezucker, Backpulver, Zimt und Salz in einer Rührschüssel vermischen.
- Eier, Milch und flüssige Butter separat verrühren.
- Eiermischung mit der Mehlmischung gut verrühren.
- Den Backofen auf 200°C vorheizen.
- Den Apfel und die Möhren grob raspeln.
- Raspeln und Kokosflocken unter den Teig mischen.
- Teig in 12 Muffinförmchen einfüllen.
- Muffins auf mittlerer Schiene etwa 25 Minuten backen.
- Fertig gebackene Muffins abkühlen lassen.

Pistazien - Mascarpone - Muffins

Zutaten:

120 g Mehl
125 g brauner Zucker
150 g geschmolzene Butter
4 Eier
100 g Pistazienkerne
2 TL Backpulver
1 Prise Salz
250 g Mascarpone
150 g Himbeeren
50 g Puderzucker

Zubereitung:

- Etwa 90 g Pistazien fein zermahlen.
- Eier mit Zucker und Salz glatt verrühren.
- Mehl, Backpulver und gemahlene Pistazien vermischen.
- Mischung mit der Butter unter die Eiercreme rühren.
- Teig in 12 Muffinförmchen einfüllen.
- Bei 175° C etwa 20 Minuten backen.
- Fertig gebackene Muffins abkühlen lassen.
- Restliche Pistazien klein hacken.
- Zwölf Himbeeren auf Seite legen.
- Restliche Himbeeren, Mascarpone und Puderzucker gut verrühren.
- Mascarponecreme gleichmäßig mit einer Sterntülle auf die Muffins spritzen.
- Gehackte Pistazien überstreuen.
- Je eine Himbeere als Verzierung auf die Creme setzen.

Tsatsiki - Muffins

Zutaten:

280 g Mehl
2 TL Backpulver
½ TL Natron
200 g Tsatsiki
60 ml Olivenöl
120 ml Buttermilch
1 Ei
1 Zwiebel (klein gehackt)
½ TL Salz
2 Prisen Pfeffer

Zubereitung:

- Ei, Öl, Buttermilch und Tsatsiki schaumig schlagen.
- Mehl, Backpulver, Natron, Pfeffer und das Salz vermischen.
- Mehlmischung und Zwiebel unter die Tsatsikimasse rühren.
- Teig in die Muffinförmchen füllen.
- Bei 190° C etwa 20 – 25 Minuten backen.
- In der Form (Förmchen) abkühlen lassen.

Jetzt wird es langsam süß!!!

Desserts

als süßer Start

Apfel - Mascarpone - Creme

Zutaten:

1 großer Apfel
500 g Mascarpone
200 g Sahne
100 g Joghurt
200 g Zucker
1 Päckchen Vanillezucker
2 EL Calvados
50 g Mandelblättchen oder Mandelstifte
Saft von einer Zitrone
Zimtpulver

Zubereitung:

- Apfel schälen und in kleine Stückchen schneiden.
- Stückchen mit dem Zitronensaft verrühren.
- Sahne mit dem Vanillezucker steif schlagen.
- Mascarpone, Zucker, Joghurt und Calvados glatt rühren.
- Apfelstückchen vorsichtig unterrühren.
- Steife Sahne unter die Mascarponecreme heben.
- Creme in Dessertschälchen (Dessertgläser) füllen.
- Mandelblättchen überstreuen.
- Zimt auf den Mandelblättchen verteilen.
- Bis zum Servieren kalt stellen.

Beeren - Kaltschale

Zutaten:

125 g Himbeeren
125 g Brombeeren
125 g Waldbeeren
250 g Erdbeeren
200 g Sahne
60 g Zucker
125 ml Wasser

Zubereitung:

- Das Wasser mit dem Zucker aufkochen lassen.
- Zucker darin verrühren bis er aufgelöst ist.
- Die Beeren verlesen und putzen.
- Zuckersirup mit den Beeren fein pürieren.
- Sahne steif schlagen.
- Steife Sahne unter das Beerenpüree heben.
- Auf 4 Dessertschälchen (Gläser) verteilen.
- Mindestens eine Stunde kalt stellen.
- Mit ein paar Beeren garniert servieren.

Birnen - Tiramisu

Zutaten:

200 ml heißer Espresso
100 g Zucker
250 g Birnen aus der Dose (Abtropfgewicht)
200 g Schlagsahne
100 ml Eierlikör
4 EL Birnensaft
500 g Mascarpone
300 g Fruchtjoghurt Birne
30 g Fertiggelatine
200 g Löffelbiskuit

Zubereitung:

- Den Zucker im heißen Espresso auflösen.
- Espresso abkühlen lassen.
- Birnen abtropfen lassen und in dünne Scheiben schneiden.
- Schlagsahne mit 10 g Gelatinepulver steif schlagen.
- Eierlikör mit Birnensaft verrühren.
- Mascarpone und Fruchtjoghurt gut unterrühren.
- Dabei die restliche Gelatine einrieseln lassen.
- Die Sahne unter die Mascarponecreme heben.
- Die Hälfte der Biskuits in eine Form legen.
- Biskuits mit der Hälfte des Espressos beträufeln.
- Eine Hälfte der Creme auf die Biskuits streichen.
- Birnenscheiben gleichmäßig verteilt auflegen.
- Die restlichen Biskuits auf die Birnen legen.
- Ebenfalls mit dem restlichen Espresso beträufeln.
- Restcreme aufstreichen und 4 Stunden kühl stellen.
- Wer will, kann vor dem Servieren die Creme mit Kakaopulver bestäuben.

Brombeer - Mascarpone - Törtchen

Zutaten:

300 g Brombeeren
150 g Mascarpone
150 g Sahne
2 EL Amaretto
50 g Zucker
20 g Sofortgelatine / Fertiggelatine
6 Torteletts (Fertigprodukt)

Zubereitung:

- Die Sahne mit 10 g Gelatine steif schlagen.
- Etwa 100 g Brombeeren fein pürieren.
- Püree mit Zucker, Mascarpone, Restgelatine und Amaretto verrühren.
- Sahne gleichmäßig unterheben.
- Restliche Beeren auf die Torteletts legen.
- Creme darauf verteilen.
- Mit je einer Beere verzieren.
- Mindestens eine Stunde kalt stellen.

Buttermilch - Mandarinen - Creme

Zutaten für 5 – 6 Personen:

250 g Buttermilch
1 Dose Mandarinen (oder frische Früchte)
200 g Schlagsahne
70 g Zucker
1 Päckchen Vanillezucker
25 g Sofortgelatine / Fertiggelatine
Saft von einer Zitrone

Zubereitung:

- Mandarinen mit Vanillezucker pürieren.
- Sahne mit 10 g Gelatinepulver steif schlagen.
- Zucker und Restgelatine vermischen.
- Mischung mit Zitronensaft unter die Buttermilch rühren.
- Püree und Sahne unterheben.
- Creme auf Dessertgläser (-schälchen) verteilen.
- Mindestens 4 Stunden kalt stellen.
- Mit Mandarinen garniert servieren.

Cappuccino - Pfirsich - Creme

Zutaten:

500 g Mascarpone
150 g Joghurt
125 g Sahne
1 kleine Dose Pfirsiche oder frisches Obst
1 Päckchen Vanillezucker
5 EL Cappuccino – Pulver (Instant – Pulver)

Zubereitung:

- Sahne steif schlagen.
- Mascarpone, Joghurt, Cappuccino – Pulver und Vanillezucker verrühren.
- Pfirsiche abtropfen lassen.
- Abgetropfte Pfirsiche in kleine Stücke schneiden.
- Sahne und Pfirsichstücke unter die Mascarponecreme heben.
- Creme in Dessertschälchen füllen.
- Mit Pfirsichstücken und/oder Kakaopulver garniert servieren.

Erdbeer - Aprikosen - Mousse

Zutaten für 5 – 6 Personen:

500 g Erdbeeren
1 Dose Aprikosen (850 ml)
5 cm Ingwer
5 EL Zucker
150 ml Orangensaft
50 ml Weißwein
Saft einer Zitrone
20 g Fertiggelatine / Sofortgelatine

Zubereitung:

- Aprikosen in einem Sieb abtropfen lassen.
- Ingwer schälen und klein zerhacken.
- Abgetropfte Aprikosen pürieren.
- Zucker mit Gelatinepulver vermischen.
- Hälfte der Mischung unter das Aprikosenpüree rühren.
- Ingwer, 100 ml Orangensaft und 2 EL Zitronensaft ebenfalls unterrühren.
- Auf 5 – 6 Dessertgläser verteilen und kalt stellen.
- Nach etwa einer Stunde Erdbeeren putzen und pürieren.
- Weißwein, restliche Zucker-Gelatine, Rest Orangen- und Zitronensaft unterrühren.
- Erdbeermousse gleichmäßig auf die Aprikosengläser verteilen.
- Mindestens 2 Stunden kalt stellen.
- Mit Erdbeerstückchen garniert servieren.

Erdbeer - Frischkäse - Mousse

Zutaten für 4 – 5 Portionen:

750 g Erdbeeren
200 g Frischkäse
150 g Joghurt
200 g Sahne
2 EL Amaretto
4 EL Zucker
20 g Sofortgelatine

Zubereitung:

- Etwa 4 - 5 Erdbeeren als Garnierung beiseitelegen.
- Restliche Früchte fein pürieren.
- Halbe Menge Gelatine gleichmäßig unterrühren.
- Sahne steif schlagen.
- Frischkäse, Joghurt, Amaretto und Zucker verrühren.
- Restgelatine unterrühren.
- Geschlagene Sahne unterheben.
- Erdbeermasse und Käsemasse abwechselnd in Gläser schichten.
- Mindestens zwei Stunden im Kühlschrank kalt stellen.
- Mit den Restfrüchten garniert servieren.

Früchte - Quark - Eis

Zutaten:

300 g Stracciatella-Eis (oder Vanilleeis)
250 g tiefgekühlte Früchte (z.B. gemischte Beeren)
250 g Sahnequark (oder Joghurt)

Zubereitung:

- Alle Zutaten in einen hohen Rührbecher geben.
- Mit einem Pürierstab feincremig pürieren.
- Auf 4 Dessertschälchen verteilen.
- Evtl. noch mit einem Klecks Sahne garnieren.

Griechischer Joghurt mit Trauben

Zutaten:

250 g Weintrauben
1 Päckchen Vanillezucker
50 cl Ouzo
Saft einer Zitrone
1 Zimtstange
400 g griechischer Joghurt
1 Vanilleschote
1 TL Honig

Zubereitung:

- Die Weintrauben fein pürieren.
- Vanillezucker, Ouzo und Zitronensaft unterrühren.
- Zusammen mit der Zimtstange in einen Kochtopf geben.
- Etwa 10 Minuten bei milder Hitze köcheln lassen.
- Danach abkühlen lassen.
- Den Joghurt, den Honig und das Mark der Vanilleschote verrühren.
- Zunächst etwas Joghurt in Dessertschälchen (Gläser) geben.
- Darauf die Traubenmasse und wieder etwas Joghurt.
- Als Garnitur etwas Traubenmasse und/oder Trauben.
- Gekühlt servieren.

Heidelbeer - Limetten - Creme

Zutaten:

400 g Heidelbeeren
200 g Schlagsahne
3 Eier
75 g Zucker
1 Päckchen Vanillezucker
30 g Sofortgelatine / Fertiggelatine
Saft einer Limette

Zubereitung:

- Die Eier trennen.
- Halbe Gelatinemenge, Zucker und Vanillezucker vermischen.
- Zusammen mit dem Eigelb cremig rühren.
- Ein paar Heidelbeeren zur Garnierung zurücklegen.
- Heidelbeeren mit der Restgelatine und Limettensaft pürieren.
- Püree unter die Eigelbmasse rühren.
- Kalt stellen, bis die Creme anfängt zu gelieren.
- Eiweiß steif schlagen.
- Sahne ebenfalls steif schlagen.
- Sahne unter die angelierte Creme heben.
- Eischnee ebenfalls unterheben.
- Creme auf Dessertschälchen verteilen.
- Mindestens 2 Stunden im Kühlschrank kalt stellen.
- Mit Heidelbeeren garniert servieren.

Himbeer - Sahne - Creme

Zutaten für 6 Personen:

300 g Himbeeren (tiefgekühlt)
400 g Naturjoghurt
400 g Schlagsahne
2 Päckchen Sahnesteif
150 g brauner Rohrzucker

Zubereitung:

- Sahne mit Sahnesteif sehr steif schlagen.
- Joghurt cremig rühren.
- Cremigen Joghurt unter die Sahne heben.
- Gefrorene Himbeeren auf 6 Whiskygläser verteilen.
- Sahnecreme auf die Himbeeren geben.
- Rohrzucker gleichmäßig über die Creme streuen.
- Mindestens 10 Stunden im Kühlschrank kühl stellen.
- Himbeeren tauen dabei auf.
- Gekühlt, evtl. mit Himbeeren garniert servieren.

Kirschcreme mit Eierlikör

Zutaten:

350 g Sahnequark
200 g Schlagsahne
1 Glas Sauerkirschen
2 EL Speisestärke
80 g Zucker
50 ml Eierlikör
2 Päckchen Vanillezucker
1 Päckchen Sahnesteif

Zubereitung:

- Kirschen mit Saft in einem Topf erhitzen.
- Speisestärke mit etwas Wasser glatt rühren.
- Stärke mit 40 g Zucker unter die Kirschen rühren.
- Alles zusammen aufkochen.
- Danach abkühlen lassen.
- Quark mit Restzucker, Vanillezucker und Eierlikör verrühren.
- Die Sahne mit Sahnesteif steif schlagen.
- Steife Sahne unter die Quarkmasse heben.
- Quarkcreme und Kirschen abwechselnd in vier Weißweingläser schichten.
- Mindestens eine Stunde im Kühlschrank kühlen.
- Mit Schokostreusel garniert servieren.

Limettencreme mit Himbeeren

Zutaten für 4 – 5 Personen:

375 g Himbeeren
200 g Schlagsahne
2 EL Puderzucker
1 Prise Salz
400 g Buttermilch
5 Limetten
30 g Fertiggelatine / Sofortgelatine

Zubereitung:

- Saft von 4 Limetten auspressen.
- Sahne halb steif schlagen.
- Limettensaft und Buttermilch verrühren.
- Gelatinepulver, 1 EL Zucker und Salz vermischen.
- Mischung unter die Limetten - Buttermilch rühren.
- Sahne gleichmäßig unterheben.
- Creme in 4 – 5 Dessertschälchen füllen.
- Mindestens 4 Stunden kalt stellen.
- Letzte Limette auspressen.
- Etwa 300 g Himbeeren mit Limettensaft und Restzucker pürieren.
- Himbeersoße auf die steife Limettencreme geben.
- Mit restlichen Himbeeren verziert servieren.

Mango - Heidelbeeren - Creme

Zutaten:

350 g klein geschnittene Mango
200 g Schlagsahne
100 g Heidelbeeren
2 EL Zucker
1 Päckchen Vanillezucker
30 g Fertiggelatine / Sofortgelatine
1 EL gehackte Pistazienkerne

Zubereitung:

- Sahne mit halber Gelatinemenge steif schlagen.
- Mango fein pürieren.
- Restgelatine, Zucker und Vanillezucker vermischen.
- Mischung unter das Mangopüree rühren.
- Heidelbeeren und Sahne unterheben.
- Mindestens zwei Stunden kalt stellen.
- Vor dem Servieren die Pistazien überstreuen.

Mangomousse

Zutaten:

1 Mango (etwa 400 g)
1 Stückchen Ingwer (etwa 10 g)
200 g Schlagsahne
2 Eiweiß
20 g Fertiggelatine / Sofortgelatine
2 EL brauner Zucker

Zubereitung:

- Die Mango schälen und das Fruchtfleisch vom Kern lösen.
- Ingwer schälen und sehr fein hacken.
- Mangostücke mit dem Ingwer und 10 g Gelatinepulver pürieren.
- Die Eier trennen.
- Eiweiß mit dem Zucker steif schlagen.
- Sahne mit Restgelatine ebenfalls steif schlagen.
- Steife Sahne unter das Mangopüree heben.
- Den Eischnee vorsichtig unterheben.
- Creme in Schälchen füllen und mindestens zwei Stunden kalt stellen.
- Vor dem Servieren mit Obststückchen garnieren.

Marzipan - Puddingcreme

Zutaten:

400 ml Milch
1 Päckchen Vanille - Puddingpulver
120 g Marzipan - Rohmasse
200 g Schmand
50 g Zucker
10 g Fertiggelatine / Sofortgelatine
100 g Waldbeeren
120 g Brombeeren

Zubereitung:

- In einem Topf 300 ml Milch aufkochen lassen.
- Zucker, Restmilch, Gelatinepulver und Puddingpulver verrühren.
- Verrührtes in die kochende Milch rühren.
- Etwa eine Minute köcheln.
- Pudding abkühlen lassen.
- Marzipan klein raspeln.
- Schmand und Marzipan unter den Pudding rühren.
- Beeren unterheben.
- Creme auf 4 Dessertschälchen verteilen.
- Mindestens 2 Stunden kalt stellen.
- Mit ein paar Beeren dekoriert servieren.

Mascarpone - Kirsch - Creme

Zutaten für 4 – 5 Personen:

1 Glas Sauerkirschen
250 g Mascarpone
200 ml Schlagsahne
2 TL Puderzucker
60 g Amarettini – Kekse
60 ml Amaretto
1 Päckchen Puddingpulver
10 g Fertiggelatine / Sofortgelatine

Zubereitung:

- Ein paar Amarettinis beiseitelegen.
- Die restlichen Kekse grob zerbröseln.
- Das Puddingpulver mit etwas Kirschsaft verrühren.
- Restsaft mit den Kirschen kurz aufkochen lassen.
- Zucker und „Puddingsaft“ unterrühren.
- Gut die Hälfte der Masse in Dessertgläser füllen.
- Gläser abkühlen lassen.
- Schlagsahne mit der Gelatine steif schlagen.
- Steife Sahne, Mascarpone und Keksbrösel verrühren.
- Verrührtes auf die abgekühlten Gläser verteilen.
- Die restliche Kirschmasse ebenfalls verteilen.
- Mit den zurückgelegten Keksen verzieren.
- Mindestens eine Stunde kalt stellen.

Pfirsich - Frischkäse - Creme

Zutaten für 5 – 6 Personen:

500 g Frischkäse
200 g Schlagsahne
80 g Zucker
1 Päckchen Vanillezucker
1 kleine Dose Pfirsiche (oder frische)
Saft einer Zitrone
30 g Fertiggelatine / Sofortgelatine

Zubereitung:

- Pfirsiche abtropfen lassen.
- Danach in kleine Stücke schneiden.
- Vanillezucker, Zucker und Gelatinepulver vermischen.
- Mischung mit Frischkäse und Zitronensaft verrühren.
- Sahne steif schlagen.
- Pfirsichstücke und Sahne unter die Käsecreme heben.
- Creme auf Dessertgläser (-schälchen) verteilen.
- Mindestens 3 Stunden im Kühlschrank kühlen.
- Mit Pfirsichstückchen garniert servieren.

Quark - Waldbeeren - Creme

Zutaten für 4 – 5 Personen:

400 g Waldbeeren
400 g Quark
150 g Schlagsahne
2 EL Honig
2 EL Zitronensaft
3 EL Zucker
3 EL Amarettolikör
gehackte Pistazien

Zubereitung:

- Beeren mit Honig, Likör und Zitronensaft vermischen.
- Etwa 10 Minuten ziehen lassen.
- Quark mit 50 g Sahne und dem Zucker verrühren.
- Restsahne steif schlagen.
- Steife Sahne unter den Quark heben.
- Creme abwechselnd mit den Beeren in Dessertgläser (Whiskygläser) schichten.
- Mit den Pistazien garnieren.

Quarkcreme mit Himbeeren

Zutaten:

400 g Himbeeren (frisch oder TK)
300 g Sahnequark
300 g Schlagsahne
150 ml Eierlikör
2 EL Zucker
40 g Puderzucker

Zubereitung:

- TK-Himbeeren auftauen, frische Himbeeren verlesen.
- "Dekorationshimbeeren" beiseitelegen.
- Puderzucker und Himbeeren pürieren.
- Quark mit 100 ml Eierlikör verrühren.
- Sahne mit dem Zucker steif schlagen.
- Steife Sahne unter den Quark heben.
- Abwechselnd Püree und Quark in vier hohe Gläser schichten, so dass ein rot-weißes Muster entsteht.
- Mit dem Resteierlikör und Himbeeren dekorieren.

Rotwein - Mousse

Zutaten:

200 g Beeren (Himbeeren, Brombeeren, Erdbeeren etc.)
200 ml Rotwein
60 g Zucker
300 ml Apfelsaft
4 Eiweiß
60 g Speisestärke
1 Zimtstange

Zubereitung:

- Eiweiß sehr steif schlagen.
- Zimtstange, Zucker, 200 ml Apfelsaft und Rotwein aufkochen lassen.
- Die Stärke mit dem Restapfelsaft anrühren.
- Angerührte Stärke unter die kochende Weinmischung rühren.
- Alles zusammen aufkochen lassen.
- Eischnee unter die Weincreme heben.
- Ganz kurz aufkochen lassen.
- Die Beeren unterheben.
- Mousse in Dessertschälchen füllen.
- Mindestens eine Stunde kalt stellen.

Schoko - Crisp - Creme

Zutaten:

200 g weiße Crisp - Schokolade
125 ml Milch
2 Eiweiß
200 g Schlagsahne
2 EL Kokosraspel
1 EL Zitronensaft
3 EL Amaretto
20 g Fertiggelatine / Sofortgelatine

Zubereitung:

- Milch und Amaretto aufkochen lassen.
- Schokolade klein raspeln.
- Kokosraspel, Schokoraspel und halbe Gelatine in die Milch einrühren.
- Wenn alles gut vermischt ist, abkühlen lassen.
- Eiweiß mit einer Prise Salz sehr steif schlagen.
- Sahne mit Restgelatine ebenfalls steif schlagen.
- Zitronensaft unter die steife Sahne rühren.
- Die Sahne unter die Schokomasse heben.
- Danach den Eischnee ebenfalls unterheben.
- Mindestens 4 Stunden kalt stellen.
- Mit Obst garniert servieren.

Sherry - Creme

Zutaten:

125 ml Sherry
2 EL Cognac
2 Eigelb
60 g Zucker
1 Vanillezucker
50 g Schokoladenstreusel
2 EL gemahlene Mandeln
25 g Sofortgelatine / Fertiggelatine
200 g Sahne
1 Prise Salz
Schokostückchen (z.B. Schokoladentropfen)

Zubereitung:

- Zucker, Vanillezucker, Salz und Gelatinepulver vermischen.
- Mischung mit dem Eigelb cremig rühren.
- Nach und nach Sherry und Cognac einrühren.
- Sherrymasse kalt stellen.
- Sahne steif schlagen.
- Wenn die Sherrymasse geliert, Schokostreusel und Mandeln unterrühren.
- Die Sahne unterheben.
- Mindestens 3 Stunden kalt stellen.
- Mit Schokostückchen garnieren.

Spekulatius - Tiramisu

Zutaten:

200 g Spekulatius
300 g Schlagsahne
250 g Mascarpone
250 g Sahnequark
100 g Zucker
1 Päckchen Vanillezucker
400 g gemischte Beeren (z.B. Waldbeeren, Himbeeren)

Zubereitung:

- Die Sahne steif schlagen.
- Quark, Mascarpone, Zucker und Vanillezucker verrühren.
- Die steife Sahne unterheben.
- Gut ein Drittel der Creme in eine Form geben.
- Creme mit einer Schicht Spekulatius bedecken.
- Die Beeren darauf verteilen.
- Dann die restliche Creme einfüllen.
- Restliche Spekulatius grob zerbröseln.
- Brösel über die Creme streuen.
- Mindestens 5 Stunden, besser über Nacht kühl stellen.

Vanille - Apfel - Mousse

Zutaten Creme (für 4 - 5 Personen):

2 Äpfel
60 g Löffelbiskuits
60 g gehackte Haselnüsse
200 g Sahnequark
300 g Vanillejoghurt
200 g Mandarinenjoghurt
10 g Fertiggelatine / Sofortgelatine

Zubereitung:

- Löffelbiskuits grob zerbröseln.
- Äpfel fein pürieren.
- Quark, Joghurt und Gelatinepulver fein verrühren.
- Apfelpüree, Haselnüsse, Löffelbiskuits unterrühren.
- Mousse auf Dessertschälchen verteilen.
- Mindestens zwei Stunden kalt stellen.
- Mit Mandarinenscheiben verziert servieren.

Veganer Vanillepudding

Zutaten:

100 g Himbeeren oder Waldbeeren
500 ml Mandelmilch
35 g Speisestärke (Maisstärke)
2 EL Zucker
1 Prise Salz
4 EL Amarettolikör (vegan)
Mark von 2 Vanilleschoten

Zubereitung:

- Speisestärke mit 150 ml Mandelmilch verrühren.
- Vanillemark, Zucker, Amaretto und Salz in die restliche Milch rühren.
- Vanillemilch aufkochen lassen.
- Stärkemilch einrühren und kurz aufkochen.
- Beeren auf 4 Dessertgläser oder in eine Schüssel verteilen.
- Pudding einfüllen.
- Mindestens 3 Stunden kalt stellen.
- Mit ein paar Beeren garniert servieren.

Kuchen & Torten

mal mit und mal ohne Sahne

Apfel - Baiser - Kuchen

Zutaten Tortenboden:

180 g Butter
300 g Mehl
1 Päckchen Vanillezucker
5 Eigelb (kleine Eier)
1 Päckchen Backpulver
100 g Zucker

Zutaten Belag:

1,2 kg Äpfel
1 TL Zimt
3 TL Zucker
5 Eiweiß (kleine Eier)
130 g Zucker
1 Päckchen Puddingpulver (Vanille)
Mandelblättchen
Puderzucker

Zubereitung:

- Für den Boden Butter, Eigelb, Vanillezucker und Zucker verkneten.
- Mehl und Backpulver vermischen.
- Mischung ebenfalls unterkneten.
- Teig in Folie gewickelt eine Stunde kalt stellen.
- Für die Füllung die geschälten Äpfel grob raspeln.
- Zucker und Zimt untermischen.
- Eiweiß und Zucker steif schlagen.
- Puddingpulver unterheben.
- Etwa zwei Drittel der Teigmenge in eine gefettete Springform drücken.

- Dabei einen Rand hochziehen.
- Apfelraspel auf dem Teig verteilen.
- Eischnee ebenfalls gleichmäßig aufstreichen.
- Restteig raspeln und über den Eischnee streuen.
- Bei 180° C ca. 50 Minuten backen.
- 10 Minuten vor dem Ende der Backzeit die Mandeln aufstreuen.
- In der Form erkalten lassen.
- Vor dem Servieren den Puderzucker überstreuen.

Apfel - Streuselkuchen (vegan)

Zutaten:

200 g Pflanzenmargarine
300 g Mehl
100 g Zucker
1 Banane
8 mittelgroße Äpfel
3 EL Zucker
1 Prise Zimt

Zubereitung:

- Die Banane mit einer Gabel gut zerquetschen.
- Bananenmus mit Mehl, Zucker, und Margarine verkneten.
- Teig kühl etwas ruhen lassen.
- Äpfel schälen und in kleine Stückchen schneiden.
- Stückchen mit 1 EL Wasser, 3 EL Zucker und dem Zimt in einen Topf geben.
- Alles zusammen dann auf kleiner Flamme erhitzen.
- Die Apfelmasse immer mal wieder umrühren.
- So lange erhitzen, bis ein leicht breiiger Kompott mit Apfel-stückchen entstanden ist.
- Etwa drei Viertel des Teiges in eine gefettete Springform geben.
- Dabei einen Rand (2 – 3 cm) hochziehen.
- Apfelkompott gleichmäßig einfüllen.
- Den restlichen Teig zerbröseln und als Streusel auf die Äpfel streuen.
- Bei 180° C etwa 25 Minuten backen.

Blechkuchen mit Kokos

Zutaten:

2 Eier
1 Päckchen Vanillezucker
500 ml Buttermilch
300 g Zucker
400 g Mehl
1 ½ Päckchen Backpulver
250 g Kokosraspeln
300 g Schlagsahne

Zubereitung:

- Eier, Vanillezucker und 200 g Zucker schaumig rühren.
- Die Buttermilch unterrühren.
- Mehl mit Backpulver mischen.
- Eier-Milch-Zuckermischung mit dem Mehl verrühren.
- Den Teig auf ein gefettetes Backblech geben.
- Restzucker und Kokosraspeln vermischen.
- Kokos-Zuckermischung über den Teig streuen.
- Bei 175° C etwa 25 Minuten backen.
- Blech aus dem Ofen nehmen.
- Die ungeschlagene Restsahne direkt über den Kuchen schütten.

Bananen - Kirsch - Torte

Zutaten Teig:

130 g Zucker
230 g Mehl
1 Päckchen Vanillezucker
250 ml Wasser
1 Päckchen Backpulver
6 EL Pflanzenöl

Zutaten Belag:

1 Glas Sauerkirschen
4 Bananen
1 Päckchen Tortenguss
2 EL Kokosraspel
500 ml Sojamilch
50 g Zucker
1 Päckchen Puddingpulver (Vanille)

Zubereitung:

- Alle Teigzutaten gut verrühren.
- Den Teig in eine gefettete Springform füllen.
- Bei 180° C etwa 20 – 25 Minuten backen.
- Tortenboden auskühlen lassen.
- Kirschen abtropfen lassen, den Saft auffangen.
- Bananen in dünne Scheiben schneiden.
- Tortenring (Springformrand) um den Tortenboden legen.
- Eine Schicht Bananen auf dem Tortenboden verteilen.
- Puddingpulver mit dem Zucker und Milch nach Packungsanweisung kochen.

- Etwas abkühlen lassen und die Kokosraspel unterrühren.
- Puddingcreme auf die Bananenschicht geben.
- Kirschen und restliche Bananen darauf verteilen.
- Mit dem Kirschsaft nach Packungsanweisung einen Tortenguss herstellen.
- Tortenguss auf die Kirsch – Bananenschicht gießen.
- Mindestens 3 Stunden im Kühlschrank kühlen.

Eierlikörkuchen mit Pistaziencreme

Zutaten:

200 ml Eierlikör
270 g weiche Butter
430 g Mehl
160 g Zucker
2 Päckchen Vanillezucker
5 Eier
1 ½ TL Backpulver
1 Prise Salz

Zutaten Creme:

350 g Doppelrahm-Frischkäse
170 g weiche Butter
130 g Puderzucker
30 g Pistazienkerne, gehackt

Zubereitung:

- Für den Kuchen die Eier trennen.
- Das Eiweiß sehr steif schlagen.
- Eigelb, Zucker, Vanillezucker, Butter und Salz cremig rühren.
- Mehl mit Backpulver vermischen.
- Mischung abwechselnd mit dem Likör unter die Eiercreme rühren.
- Eischnee gleichmäßig unterheben.
- Teig in eine gefettete Springform geben.
- Bei 180° C etwa 50 Minuten backen.
- Kuchen auskühlen lassen.
- Für die Creme Butter und Frischkäse cremig rühren.

- Puderzucker nach und nach unterrühren.
- Zum Schluss die Pistazien unterheben.
- Creme auf den Kuchen und den Kuchenrand streichen.
- Kuchen bis zum Anschnitt kalt stellen.

Erdbeer - Mascarpone - Torte

Zutaten:

150 g Mehl
300 g Zucker
2 TL Backpulver
5 Eier
1 Prise Salz
300 g Schlagsahne
300 g Magerquark
300 g Mascarpone
400 g Erdbeeren
40 g Sofortgelatine / Fertiggelatine

Zubereitung:

- Die Eier trennen.
- Eiweiß mit dem Salz steif schlagen.
- 150 g Zucker dabei einrieseln lassen.
- Eigelb unterrühren.
- Mehl mit Backpulver mischen.
- Mischung unter den Eierschaum heben.
- Teig in eine mit Backpapier ausgelegte Springform füllen.
- Bei 180° C etwa 25 Minuten backen.
- Erdbeeren, Restzucker und 10 g Gelatine pürieren.
- Quark und Mascarpone mit 20 g Gelatine verrühren.
- Sahne mit Restgelatine steif schlagen.
- Püree, Mascarponemasse und Sahne vermengen.
- Biskuitboden waagerecht halbieren.
- Tortenring (Springformrand) um den unteren Boden stellen.

- Etwa ⅔ der Creme auf dem Boden glatt streichen.
- Zweiten Boden auflegen und Restcreme aufstreichen.
- Mindestens 4 Stunden im Kühlschrank kühlen.
- Mit Sahnetupfen und Erdbeeren garniert servieren.

Fruchtiger Napfkuchen

Zutaten:

270 g Mehl
1 Glas Sauerkirschen
250 g Puderzucker
5 Eier
250 ml Eierlikör
250 ml Sonnenblumenöl
2 Päckchen Vanillezucker
1 Päckchen Backpulver
200 g Vollmilch – Kuvertüre (oder weiße Kuvertüre)
Paniermehl

Zubereitung:

- Kirschen gut abtropfen lassen.
- Eier und Vanillezucker schaumig schlagen.
- Puderzucker nach und nach unterrühren.
- Öl und Eierlikör einrühren.
- Backpulver und Mehl vermischen.
- Mehlmischung unter die Eierlikörmasse rühren.
- Kirschen mit etwas Mehl bestäuben.
- Bestäubte Kirschen unter den Teig heben.
- Eine Gugelhupfform einfetten.
- Form mit Paniermehl ausstreuen.
- Teig einfüllen und glatt streichen.
- Bei 175° C etwa 60 – 70 Minuten backen.
- Fertigen Kuchen in der Form etwas abkühlen lassen.
- Danach stürzen und endgültig kalt werden lassen.
- Kuvertüre im Wasserbad schmelzen.
- Kuchen mit der Kuvertüre gleichmäßig überziehen.
- Torte mit Sahnetupfen, Himbeeren, Pistazien und den restlichen Waffeln (zerkleinert) verzieren.

Gugelhupf mit Trauben

Zutaten:

250 g Mehl
100 g Speisestärke
200 g Zucker
1 Päckchen Vanillezucker
200 g weiche Butter
200 g Nougat
150 g kernlose Weintrauben
50 g Rosinen
30 g Kakaopulver
4 Eier
2 TL Backpulver
1 Prise Salz
150 ml Milch
100 g Kuvertüre

Zubereitung:

- Nougat über heißem Wasserbad schmelzen.
- Trauben halbieren bzw. vierteln.
- Mehl, Speisestärke, Backpulver und Kakao vermischen.
- Butter mit Zucker, Vanillezucker und Salz cremig rühren.
- Eier nach und nach unterrühren.
- Mehlmischung und Milch abwechselnd unterrühren.
- Rosinen, Trauben, Nougat gleichmäßig unterheben.
- Teig in eine gefettete Gugelhupfform füllen.
- Bei 180° C ca. eine Stunde backen.
- Kuchen gut abkühlen lassen.
- Dann den Gugelhupf aus der Form stürzen.
- Kuvertüre schmelzen und über den Kuchen streichen.
- Evtl. noch mit Trauben verzieren.

Hanuta - Torte

Zutaten:

3 Eier
100 g Zucker
100 g Mehl
1½ TL Backpulver
1 Glas Sauerkirschen
6 Hanuta
400 g Sahne
15 g Fertiggelatine
2 Päckchen roter Tortenguss
100 g gehackte Haselnüsse

Zubereitung:

- Zwei Eier trennen.
- Eigelb und ein Ei mit Zucker schaumig rühren.
- Mehl, 50 g Nüsse und Backpulver vermischen.
- Mischung unter den Eierschaum rühren.
- Eiweiß steif schlagen.
- Eischnee unter den Teig heben.
- Teig in eine gefettete Springform füllen.
- Bei 200° C etwa 15 Minuten backen.
- Tortenboden auskühlen lassen.
- Einen Tortenring (Springformrand) um den Boden legen.
- Tortenguss mit Kirschsaft nach Packungsanweisung herstellen.
- Sauerkirschen unterrühren.
- Kirschmasse auf den Tortenboden geben.
- Kirschenguss kalt werden lassen.
- Hanutas zerkleinern.

- Sahne steif schlagen.
- Dabei das Gelatinepulver einrieseln lassen.
- Hanutakrümel unter die Sahne rühren.
- Krümelsahne auf die Kirschen streichen.
- Restliche Haselnüsse auf die Sahne streuen.
- Torte mindestens 2 Stunden kalt stellen.

Himbeer - Mandarinen - Torte

Zutaten:

50 g Speisestärke
100 g Mehl
150 g Zucker
4 Eier
2 TL Backpulver
1 EL Zitronensaft
1 Dose Mandarinen
250 g Himbeeren
250 g Sahnequark
250 g Naturjoghurt
2 Päckchen Vanillezucker
80 g Puderzucker
50 g Fertiggelatine / Sofortgelatine
500 g Sahne

Zubereitung:

- Die Eier trennen.
- Zucker, Eigelb und Zitronensaft schaumig rühren.
- Mehl, Speisestärke, Backpulver vermischen.
- Mischung unter den Eierschaum heben.
- Eiweiß steif schlagen und ebenfalls unterheben.
- Teig in einer mit Backpapier ausgelegten Springform geben.
- Bei 180° C etwa 25 Minuten backen.
- Tortenboden auskühlen lassen.
- Für den Belag Quark und Joghurt verrühren.
- Puderzucker, Vanillezucker und 40 g Gelatine vermischen.
- Mischung unter den Quarkjoghurt rühren.

- Sahne mit Restgelatine steif schlagen.
- Etwa 400 g der steifen Sahne unter die Quarkcreme heben.
- Tortenboden quer halbieren.
- Springformrand (Tortenring) um den unteren Boden legen.
- Abgetropfte Mandarinen und Himbeeren auf dem Tortenboden verteilen.
- Quarkcreme auf das Obst streichen.
- Zweiten Tortenboden auflegen.
- Restsahne aufstreichen.
- Mindestens 3 Stunden im Kühlschrank kalt stellen.
- Mit den Mandarinen und/oder Himbeeren garniert servieren.

Joghurt - Kirsch - Torte

Zutaten:

200 g Mehl
100 g Zucker
½ Päckchen Backpulver
3 Eier
150 g Butter, zerlassen
70 ml Milch
1 Päckchen Vanillezucker

Zutaten Belag:

4 Becher Kirschjoghurt
200 g Schlagsahne
30 g Fertiggelatine
1 EL Puderzucker

Zubereitung:

- Alle Teigzutaten in einer Schüssel gut verrühren.
- Den Teig in eine gefettete Springform geben.
- Bei 180° C ca. 30 Minuten backen.
- Den Teigboden abkühlen lassen.
- Für den Belag den Vanillezucker mit der Fertiggelatine mischen.
- Die Sahne steif schlagen.
- Dabei nach und nach die Zucker - Gelatine einrieseln lassen.
- Den Kirschjoghurt unter die Sahne rühren.
- Die Joghurtmasse auf den vorgebackenen Boden geben.
- Torte mindestens 2 Stunden kalt stellen.

Kartoffel - Torte

Zutaten:

375 g kalte Pellkartoffeln
4 Eier
250 g Zucker
100 g Mehl
125 g gemahlene Haselnüsse
1 TL Zimt
1 Päckchen Backpulver
2 EL Paniermehl
Saft von einer Zitrone

Zubereitung:

- Kalte Pellkartoffeln durch eine Presse drücken.
- Die Eier trennen.
- Eigelb mit Zucker und Zitronensaft schaumig rühren.
- Mehl mit Backpulver und Zimt vermischen.
- Mischung unter die Eiercreme rühren.
- Gemahlene Nüsse unterrühren.
- Kartoffelmasse unter den Teig heben.
- Eiweiß sehr steif schlagen.
- Eischnee ebenfalls unterheben.
- Eine Springform einfetten und mit Paniermehl ausstreuen.
- Teigmasse einfüllen und glatt streichen.
- Bei 175° C etwa 55 Minuten backen.
- Nach dem Erkalten mit Zitronenguss überziehen.

Kastenkuchen mit Kirschen

Zutaten:

200 g Mehl
200 g Zucker
1 Päckchen Vanillezucker
250 g weiche Butter
100 g Speisestärke
150 g Kokosraspel
1 Glas Sauerkirschen
75 ml Milch
4 Eier
2 TL Backpulver
2 TL Zitronensaft
1 Prise Salz
Paniermehl, Schokoladenkuvertüre

Zubereitung:

- Zucker, Vanillezucker, Zitronensaft und Butter cremig rühren.
- Nach und nach die Eier und 4 EL Stärke unterrühren.
- Mehl, Backpulver, Reststärke, Salz und Kokosraspel vermischen.
- Mischung mit der Milch unter die Buttercreme rühren.
- Kirschen abtropfen lassen.
- Danach die Kirschen mit etwas Mehl vermischen.
- Mehlkirschen unter den Teig heben.
- Kastenform einfetten und mit Paniermehl ausstreuen.
- Teig einfüllen und glatt streichen.
- Bei 180° C etwa 60 Minuten backen.
- Kuchen in der Form etwas auskühlen lassen.
- Anschließend den Kuchen stürzen und mit Kuvertüre überziehen.

Kokoskuchen

Zutaten:

2 TL Backpulver
100 g brauner Zucker
250 g Mehl
2 Eier
100 g Butter
4 EL Milch
100 g Kokosraspeln
1 Prise Salz
Kokosraspeln zum Bestreuen

Zubereitung:

- Eine Kastenform einfetten.
- Mehl, Backpulver und Salz in eine Schüssel geben.
- Butter zugeben.
- Alles mit den Händen krümelig verkneten.
- Mit den restlichen Zutaten zu einem geschmeidigen Teig verrühren.
- Teig in die Kastenform geben und glatt streichen.
- Bei 160° C etwa 30 Minuten backen.
- Kuchen mit Kokosraspeln bestreuen.
- Noch einmal bei 160 ° C etwa 30 Minuten backen.
- In der Form etwas abkühlen lassen.
- Auf einem Kuchengitter endgültig kalt werden lassen.

Käse - Erdbeer - Torte

Zutaten Teig:

200 g Mehl
100 g Zucker
100 g Butter
½ TL Backpulver
1 EL Vanillezucker
1 Eigelb

Zutaten Belag:

500 g Erdbeeren
100 g Zucker
1 Päckchen Tortenguss
3 TL Zitronensaft
500 g Frischkäse
2 Becher Schlagsahne
30 g Sofortgelatine / Fertiggelatine

Zubereitung:

- Teigzutaten zu einem geschmeidigen Mürbeteig kneten.
- Teig etwa 45 Minuten im Kühlschrank ruhen lassen.
- Eine gefettete Springform mit dem Mürbeteig auslegen.
- Ca. 3 cm Rand hochziehen.
- Bei 180° C etwa 15 - 20 Minuten backen.
- Tortenboden abkühlen lassen.
- Für den Belag die Erdbeeren halbieren.
- Halbierte Beeren auf den Tortenboden legen.
- Tortenguss nach Packungsanweisung anrühren.
- Guss über die Erdbeeren geben.

- Gelatine mit dem Zucker vermischen.
- Mischung mit dem Käse und Zitronensaft verrühren.
- Sahne steif schlagen.
- Steife Sahne unter die Käsemasse heben.
- Käse-Sahne auf die Erdbeeren streichen.
- Torte mit einigen Erdbeeren verzieren.
- Mindestens zwei Stunden kühl stellen.

Mandarinen - Sekt - Torte

Zutaten:

110 g Schokoladenstreusel
135 g Mehl
110 g gemahlene Nüsse
110 g Butter
2 Päckchen Vanillezucker
1 TL Backpulver
2 Dosen Mandarinen
3 Eier
50 g Fertiggelatine / Sofortgelatine
320 g Zucker
275 ml Sekt (Prosecco)
600 g Sahne
500 g Schmand

Zubereitung:

- Butter mit den Schokostreuseln schmelzen.
- Eier mit 190 g Zucker und 1 Päckchen Vanillezucker schaumig rühren.
- Schokobutter unterrühren.
- Nüsse, Mehl und Backpulver vermischen.
- Mischung nach und nach unter die Eiercreme rühren.
- Teig in eine Springform (mit Backpapier) geben.
- Bei 175° C etwa 25 Minuten backen.
- Tortenboden stürzen, Backpapier abziehen, auskühlen lassen.
- Mandarinen abtropfen lassen und den Saft auffangen.
- Restzucker, Restvanillezucker und Gelatine vermischen.
- Sekt und 110 ml Mandarinensaft verrühren.

- Zucker - Gelatinemischung einrühren.
- Den Schmand unterrühren.
- 400 g Sahne steif schlagen.
- Mandarinen und Sahne unter die Creme heben.
- Springformrand (Tortenring) um den Tortenboden legen.
- Schmandcreme einfüllen und glatt streichen.
- Mindestens 4 Stunden kalt stellen.
- Die Restsahne steif schlagen.
- Den Tortenrand mit der Sahne bestreichen.
- Mit Sahnetupfen und/oder Mandarinen verzieren.

Mango - Schoko - Torte

Zutaten Tortenböden:

120 g Zartbitterkuvertüre
225 g weiche Butter
200 g Mehl
4 Eier
200 g Zucker
2 TL Backpulver (gestrichen)
2 EL Kakao
1 Prise Salz

Zutaten Füllung:

50 g Baiser
1 EL Zucker
50 g Raspelschokolade
¾ reife Mango
500 g Schlagsahne
30 g Fertiggelatine / Sofortgelatine

Zutaten Belag:

400 g Schlagsahne
1 EL Zucker
20 g Fertiggelatine / Sofortgelatine
¼ Mango

Zubereitung:

- Für die Tortenböden die Kuvertüre klein hacken.
- Gehacktes im heißen Wasserbad schmelzen.
- Etwas abkühlen lassen.
- Die Eier trennen.
- Eiweiß steif schlagen.

- Dabei den Zucker und das Salz einrieseln lassen.
- Abgekühlte Kuvertüre, Butter und Eigelb schaumig rühren.
- Eischnee unterheben.
- Mehl mit Backpulver, Kakao und Backpulver vermischen.
- Mischung ebenfalls unterheben.
- Eine Springform fetten und mit Mehl bestäuben.
- Teig einfüllen und glatt streichen.
- Bei 200° C ca. 35 Minuten backen.
- Boden gut abkühlen lassen.
- Für die Füllung die Baiser grob zerbröseln.
- Mango schälen und das Fruchtfleisch vom Stein lösen.
- Fleisch in kleine Stücke schneiden.
- Schlagsahne steif schlagen.
- Dabei das Gelatinepulver und den Zucker einrieseln lassen.
- Baiserbrösel und Raspelschokolade unter die Sahne heben.
- Den kalten Tortenboden einmal waagerecht halbieren.
- Um den unteren Boden einen Tortenring legen.
- Mangostückchen auf dem Boden verteilen.
- Sahnemischung gleichmäßig aufstreichen.
- Den zweiten Boden auflegen.
- Mindestens zwei Stunden im Kühlschrank fest werden lassen.
- Tortenring dann vorsichtig entfernen.
- Für den Belag die Sahne mit Gelatine und Zucker steif schlagen.
- Torte mit etwa ¾ der Sahne komplett bestreichen.
- Mit den restlichen Mangostückchen einen Stern auf die Torte legen.
- Am Rand mit der restlichen Sahne Tupfen aufspritzen.
- Noch einmal mindestens eine Stunde kühl stellen.

Marstorte

Zutaten Teig:

60 g Butter
125 g Zucker
3 Eier
3 EL gemahlene Mandeln
100 g Mehl
1 TL Backpulver

Zutaten Belag:

600 g Sahne
30 g Fertiggelatine
2 Marsriegel
1 Dose Birnen
Schokoraspeln

Zubereitung:

- Marsriegel zerkleinern.
- Die Sahne mit den Marsriegeln aufkochen.
- Über Nacht kaltstellen.
- Butter, Zucker und Eier schaumig rühren.
- Mehl, Backpulver und Mandeln mischen.
- Mischung nach und nach in den Eierschaum rühren.
- Teigmasse in eine gefettete Springform füllen.
- Bei 175° C etwa 45 Minuten backen.
- Tortenboden auskühlen lassen.
- Marssahne mit dem Gelatinepulver cremig rühren.
- Birnen abtropfen lassen und klein schneiden.
- Dann die Birnen auf dem Tortenboden verteilen.
- Marssahne auf die Birnen streichen.
- Mit Sahnetupfen und Schokoraspeln garnieren.
- Mindestens zwei Stunden kaltstellen.

Nusskuchen mit Birnen

Zutaten:

120 g gemahlene Nüsse
165 g gehackte Nüsse
270 g Mehl
165 g Puderzucker
5 mittelgroße Birnen
130 ml Sonnenblumenöl
4 Eier
1 Päckchen Backpulver
1 Prise Salz
Saft von 1 Zitrone

Zubereitung:

- Birnen in kleine Stücke schneiden.
- Zitronensaft über die Stücke geben.
- Eier und Zucker cremig rühren.
- Öl einrühren.
- Mehl, Backpulver, Salz und Nüsse vermischen.
- Mischung unter die Eiercreme rühren.
- Birnen unter den Teig heben.
- Teig in eine gefettete Springform geben.
- Bei 200° C etwa 60 Minuten backen.
- Wenn der Kuchen zu braun wird mit Alufolie abdecken.
- In der Form auskühlen lassen.
- Vor dem Servieren mit Puderzucker überstreuen.

Pflaumen - Käsekuchen

Zutaten Teig:

250 g Mehl
1 Päckchen Trockenhefe
1 TL Backpulver
1 EL Magerquark
2 EL Zucker
1 Prise Salz
4 EL Sonnenblumenöl
125 ml Wasser (lauwarm)

Zutaten Belag:

750 g Pflaumen
4 Eier
500 g Magerquark
1 EL Stärke
5 EL Zitronensaft
55 g sehr weiche Butter
80 g Zucker
Puderzucker

Zubereitung:

- Für den Teig Mehl, Hefe, Backpulver, Zucker und Salz vermischen.
- Mischung mit Öl, Quark und dem Wasser zu einem geschmeidigen Teig verkneten.
- Teig zugedeckt an einem warmen Ort etwa 20 Minuten gehen lassen.
- Gegangenen Teig ausrollen und in eine Springform geben.
- Dabei einen Rand hochziehen.

- Teig mit einer Gabel mehrfach einstechen.
- Für den Belag Pflaumen entsteinen und halbieren.
- Halbe Pflaumenmenge auf den Teig mit der Außenseite nach oben verteilen.
- Alles zusammen noch einmal etwa 20 Minuten gehen lassen.
- Die Eier trennen.
- Butter, Zitronensaft, Stärke, Eigelb, Quark und Zucker verrühren.
- Eiweiß steif schlagen.
- Eischnee unter die Quarkmasse ziehen.
- Quarkmasse auf den Tortenboden geben.
- Restliche Pflaumen in die Quarkmasse setzen.
- Kuchen bei 180° C etwa 75 Minuten backen.
- Evtl. mit Alufolie abdecken.
- Den abgekühlten Kuchen mit Puderzucker überstreuen.

Pistazien - Makronen - Kuchen

Zutaten Kuchen:

350 g Mehl
350 g Zucker
350 g Butter
½ Päckchen Backpulver
6 Eier
75 g Pistazien, klein gehackt
2 Dosen Mandarinen
6 EL Mandarinensaft
1½ TL Lebkuchengewürz
1 Prise Salz

Zutaten Verzierung:

1 Eiweiß
50 g Zucker
80 g Kokosraspeln
25 g Zartbitterschokolade
100 g Sahne
1 Päckchen Sahnesteif
Puderzucker

Zubereitung:

- Für den Kuchenteig die Eier trennen
- Mandarinen in einem Sieb gut abtropfen lassen.
- Butter, Eigelb, Mandarinensaft und Zucker schaumig rühren.
- Backpulver, Pistazien, Mehl, Salz, Lebkuchengewürz vermischen.
- Mischung unter die Buttercreme rühren.
- Eiweiß steif schlagen.
- Mandarinen und Eischnee unter den Teig heben.

- Den Teig in eine gefettete Springform geben und glatt streichen.
- Bei 180° C (Ober- und Unterhitze) etwa 50 – 60 Minuten auf der unteren Schiene backen.
- Kuchen abkühlen lassen.
- Für die Verzierung Eiweiß steif schlagen.
- Am Schluss den Zucker einrieseln lassen.
- Die Kokosraspeln unterheben.
- Ein Backblech mit Backpapier auslegen.
- Etwa 20 Tuffs der Makronenmasse mit 2 Teelöffeln auf dem Backpapier formen.
- Oder mit einem Spritzbeutel ca. 20 Tuffs aufspritzen.
- Bei 150° C etwa 20 Minuten backen.
- Makronen auf einem Kuchengitter abkühlen lassen.
- Die Schokolade klein hacken.
- Gehackte Schokolade über warmen Wasserbad schmelzen.
- Den Boden der Makronen in die Schokoladenmasse tauchen.
- Getauchte Makronen auf Backpapier (Alufolie) abkühlen lassen.
- Als Schablone aus einem Papierblatt einen Stern ausschneiden.
- Schablone auf den Kuchen legen.
- „Sternloch“ der Schablone vorsichtig mit Puderzucker bestäuben.
- Sahne mit Sahnesteif steif schlagen.
- Auf den Kuchen 12 Sahnetupfer aufspritzen.
- Die Makronen vorsichtig auf die Sahnetupfer setzen.
- Kuchen noch einmal kurz kühl stellen.

Rhabarber - Baiser - Kuchen

Zutaten Teig:

120 g Butter
100 g Zucker
½ Päckchen Backpulver
250 g Mehl
1 Päckchen Vanillezucker
2 Eier

Zutaten Belag:

1 kg Rhabarber
200 g Zucker
1 Päckchen Puddingpulver
4 Eier
50 ml Weißwein

Zubereitung:

- Für den Belag Rhabarber „enthäuten" und in kleine Stücke schneiden.
- Zusammen mit dem Wein etwa 5 Minuten dünsten.
- Puddingpulver mit 2 EL Zucker vermischen.
- Mischung mit 3 EL Wasser verrühren.
- Gerührtes mit dem Rhabarber aufkochen lassen.
- Dann abkühlen lassen.
- Für den Teig Butter, Zucker (100 g) und Eier cremig rühren.
- Mehl und Backpulver mischen.
- Mehlmischung unter die Eiercreme rühren.
- Teig in eine gefettete Springform geben.
- Für den Belag die Eier trennen.
- Drei Eigelb unter den Rhabarber rühren.

- Rhabarber auf den Teig geben.
- Bei 180° C etwa 30 Minuten backen.
- Eiweiß mit dem Restzucker steif schlagen.
- Eischnee auf den vorgebackenen Kuchen geben.
- Noch einmal etwa 15 Minuten backen.
- Mindestens 3 Stunden auskühlen lassen.

Rotweingugelhupf

Zutaten:

130 ml Rotwein
250 g Butter (sehr weich)
250 g Mehl
250 g Zucker
3 Eier
1 EL Kakaopulver
1 TL Zimt
3 EL Schokoladenflocken
1 Päckchen Backpulver
1 Päckchen Vanillezucker

Zubereitung:

- Vanillezucker, Zucker, Eier, Rotwein und Butter cremig rühren.
- Backpulver, Zimt, Kakao, Schokoflocken und Mehl vermischen.
- Mischung unter die Creme rühren.
- Eine Gugelhupfform einfetten und mit Mehl bestäuben.
- Den Teig vorsichtig einfüllen und glatt streichen.
- Bei 170° C etwa 60 Minuten backen.
- Fertigen Kuchen in der Form auskühlen lassen.
- Vor dem Servieren mit Puderzucker überstreuen.

Saftiger Möhrenkuchen

Zutaten:

250 g Mehl
75 g Kokosraspel
100 g Zucker
50 g brauner Zucker
125 g weiche Butter
500 g Möhren
1 großer Apfel
3 Eier
2 TL Backpulver
2 TL Zimt
75 g Marzipan-Rohmasse
100 g Kuvertüre
12 Marzipan-Möhren

Zubereitung:

- Möhren, Apfel und Marzipan grob raspeln.
- Mit dem gesamten Zucker gut vermischen.
- Etwa 15 Minuten ruhen lassen.
- Die restlichen Backzutaten nach und nach unterrühren.
- Teig in eine gefettete Springform füllen.
- Die Oberfläche schön glatt streichen.
- Bei 170° C etwa 50 – 60 Minuten backen.
- Den Kuchen gut auskühlen lassen.
- Kuvertüre im Wasserbad schmelzen.
- Den abgekühlten Kuchen damit bestreichen.
- Mit den Marzipan-Möhren und Kokosraspel garniert servieren.

Schokotorte hell - dunkel

Zutaten Tortenboden:

100 g Mehl
3 Eier
100 g Zucker
1 Prise Salz

Zutaten Belag:

800 g Sahne
1 Tafel Schokolade Weiß-Crisp
1 Tafel Schokolade Vollmilch
1 Tafel Schokolade Halbbitter
½ Tafel Schokolade Weiß
40 g Fertiggelatine / Sofortgelatine

Zubereitung:

- Für den Tortenboden die Eier trennen.
- Eiweiß und Salz zu Eischnee schlagen.
- Zucker dabei einrieseln lassen.
- Eigelb unterrühren und Mehl unterheben.
- Teig in eine Springform (Backpapier) geben.
- Bei 200° C etwa 20 Minuten backen.
- Die Schokoladen einzeln fein hacken.
- Weiß-Crisp im Wasserbad schmelzen.
- 300 g Sahne mit 20 g Gelatine steif schlagen
- Geschmolzene Schokolade unterheben.
- Einen Tortenring mittig auf den abgekühlten Biskuitboden stellen.
- Dabei den Tortenring im Durchmesser 8 cm kleiner einstellen.

- Weiße Schokocreme einfüllen und glatt streichen.
- Etwa eine Stunde kühl stellen.
- Vollmilch und Halbbitter ebenfalls schmelzen.
- Restsahne und Restgelatine steif schlagen.
- Geschmolzene Schokolade unterheben.
- Tortenring vorsichtig lösen und außen um den Biskuitboden stellen.
- Dunkle Creme außen herum einfüllen und über die helle Creme streichen.
- Mindestens drei Stunden kühl stellen.
- Tortenring entfernen.
- Torte mit der gehackten weißen Schokolade verzieren.

Tiramisu - Torte

Zutaten Teig:

2 – 3 Eier
90 g Zucker
60 g Mehl
30 g geriebene Schokolade
90 g gemahlene Mandeln
1 TL Backpulver

Zutaten Belag:

60 g Fertiggelatine / Sofortgelatine
500 g Mascarpone
250 g Magerquark
60 g Zucker
200 ml Cremelikör (z.B. Baileys)
500 g Sahne
100 g Löffelbiskuit
150 ml starker Espressokaffee
Kakaopulver

Zubereitung:

- Für den Teig Zucker und Eier cremig verrühren.
- Mehl, Backpulver und Mandeln vermischen.
- Mischung unter die Creme rühren.
- Schokolade unterheben.
- Teig in eine mit Backpapier ausgelegte Springform geben.
- Bei 180° C etwa 25 Minuten backen.
- Tortenboden auskühlen lassen.
- Für den Belag 3 EL Likör mit kaltem Espresso verrühren.

- Zucker mit Gelatinepulver vermischen.
- Sahne mit 1 EL Gelatinemischung steif schlagen.
- Mascarpone, Restgelatine, Quark und Restlikör cremig rühren.
- Steife Sahne unter die Creme heben.
- Um den Tortenboden einen Tortenring (Springformrand) legen.
- Etwa die Hälfte der Creme einfüllen.
- Löffelbiskuit im Likör-Espresso tränken.
- Die ertränkten Biskuit auf der Creme verteilen.
- Die andere Hälfte der Creme aufstreichen.
- Torte mindestens drei Stunden im Kühlschrank kühlen.
- Vor dem Servieren mit Kakaopulver bestäuben.

UFO - Torte

Zutaten Tortenboden:

130 g Mehl
30 g Puderzucker
35 g gemahlene Mandeln
70 g Butter
1 Ei
1 Prise Salz
1 Spritzer Zitronensaft
½ TL Backpulver
Erbsen zum Blindbacken

Zutaten Belag:

2 Beutel Götterspeise (Himbeer)
125 g Zucker
250 ml Wasser
500 g Frischkäse
800 g Schlagsahne
250 g Himbeeren
15 g Fertiggelatine / Sofortgelatine
1 TL Kakaopulver
Bunte Smarties

Zubereitung:

- Für den Boden alle Teigzutaten zu einem glatten Teig verkneten.
- Den Teig in eine gefettete Springform drücken.
- Gedrückten Teig etwa 45 – 60 Minuten kühl stellen.
- Danach mehrmals mit einer Gabel einstechen.
- Backpapier auflegen und mit den Erbsen beschweren.
- Mit 200° C etwa 25 – 30 Minuten backen.

- Tortenboden auskühlen lassen.
- Für den Belag Götterspeisepulver und Zucker vermischen.
- Mischung zusammen mit dem Wasser in einem Kochtopf geben.
- Unter Rühren erhitzen bis alles aufgelöst ist (nicht kochen).
- Masse ca. 30 Minuten abkühlen lassen.
- Etwa 200 g Himbeeren pürieren.
- 400 g Schlagsahne steif schlagen.
- Götterspeise und Frischkäse verrühren.
- Die steife Sahne unterheben.
- Eine „Kuppelschüssel" mit Folie auslegen.
- Ein Viertel der Creme in die Schüssel geben.
- Um den Tortenboden einen Tortenring legen.
- Restcreme auf den Boden streichen.
- Himbeerpüree mit einer Gabel locker unterheben.
- Torte und Kuppelschüssel mindestens 4 Stunden kalt stellen.
- Danach Kuppel vorsichtig aus der Schüssel lösen.
- Als Raumschiffkuppel auf die Torte legen.
- Den Tortenrand vorsichtig mit einem Messer etwas abrunden.
- Restsahne mit Gelatinepulver und Kakao steif schlagen.
- Dunkle Sahne auf das „Raumschiff" streichen.
- Mit den restlichen Himbeeren und den Smarties als Fenster verzieren.
- Noch einmal eine Stunde kalt stellen.

Veganer Nusskuchen

Zutaten:

100 g gemahlene Haselnüsse
100 g Kokosraspel
50 g gemahlene Mandeln
250 g Mehl
250 g Zucker
150 ml Sojamilch
150 ml Espresso
1 geraspelte große Möhre
50 g Margarine
3 EL Kakaopulver
1 Prise Salz
1 Messerspitze Zimt

Zubereitung:

- Nüsse, Kokosraspel, Mandeln, Mehl und Zucker gut vermischen.
- Salz, Kakao und Zimt ebenfalls untermischen.
- Milch, Kaffee und Margarine langsam nach und nach unterrühren.
- Zum Schluss die Möhrenraspel zugeben.
- Teig in eine gefettete Gugelhupfform füllen.
- Bei 180° C etwa 60 – 70 Minuten backen.

Zucchini - Kuchen

Zutaten Teig:

300 g Zucchini
225 g Mehl
175 g Zucker
2 Päckchen Vanillezucker
3 Eier
150 g gemahlene Haselnüsse
175 ml Sonnenblumenöl
2 TL Backpulver
2 TL Zimt
1 TL Natron
100 g Kuvertüre (weiße oder braune)

Zubereitung:

- Zucchini fein raspeln.
- Mehl, Backpulver, Zimt, Natron und Nüsse vermischen.
- Eier mit Zucker und Vanillezucker schaumig rühren.
- Öl und Zucchiniraspeln unterrühren.
- Mehlmischung ebenfalls unterrühren.
- Teig in eine gefettete Springform füllen.
- Den eingefüllten Teig glatt streichen.
- Bei 175° C etwa 40 – 45 Minuten backen.
- In der Form abkühlen lassen.
- Kuvertüre nach Packungsanweisung erwärmen.
- Den Kuchen gleichmäßig damit bestreichen.

Vom gleichen Autor erschienen bei Books on Demand bereits:

Wärme – Poesie vieler Jahre

© 2011 by Hans-Georg Karl
ISBN: 978-3-8423-5784-6 Hardcover, 92 Seiten, € 14,90

Feuer – Poesie für Dich

© 2012 by Hans-Georg Karl
ISBN: 978-3-8482-2092-2 Hardcover, 92 Seiten, € 14,90

Licht – Strahlende Poesie

© 2018 by Hans-Georg Karl
ISBN: 978-3-7528-8800-3 Hardcover, 92 Seiten, € 12,90

Sonne – Strahlende Poesie

© 2024 by Hans-Georg Karl
ISBN: 978-3-7583-3210-4 Hardcover, 88 Seiten, € 15,90

Knödelschorsch seine Leckerchen

© 2011 by Hans-Georg Karl
ISBN: 978-3-8448-0246-7 Paperback, 200 Seiten, € 10,90

Knödelschorsch seine zweiten Leckerchen

© 2012 by Hans-Georg Karl
ISBN: 978-3-8482-4206-1 Paperback, 200 Seiten, € 10,90

Knödelschorsch seine dritten Leckerchen

© 2016 by Hans-Georg Karl
ISBN: 978-3-8391-1109-3 Paperback, 200 Seiten, € 6,99

Knödelschorsch seine vierten Leckerchen

© 2018 by Hans-Georg Karl
ISBN: 978-3-7528-4116-9 Paperback, 200 Seiten, € 6,99

Bärenstreifen

© 2013 by Hans-Georg Karl
ISBN: 978-3-7322-4974-9 Paperback, 32 Seiten, € 3,95